EINFACH GUT

Silke von Küster (Hrsg.)

Pizza, Quiche und Tarte vegetarisch

FALKEN

Inhalt

Lust auf Pizza, Quiche & Tarte vegetarisch

Pikantes Gebäck, ob italienische Pizza oder französische Quiches und Tartes, erfreut sich seit Jahren allgemein großer Beliebtheit. Und das zu Recht, denn die Kombination aus „unten knusprig" und „oben saftig" schmeckt nun einmal unvergleichlich gut. Ob rustikal oder edel, sommerlich leicht oder eher herzhaft, als Imbiß oder Hauptmahlzeit - herzhafte Kuchen kommen in vielerlei Variationen auf den Tisch. Sie lassen sich außerdem gut vorbereiten und problemlos einfrieren und wieder aufbacken.

Die folgenden Rezeptideen zeigen die Vielfalt vegetarischer Pizzas, Quiches und Tartes. In der modernen, gesundheitsbewußten Ernährung spielt die vegetarische Küche eine immer größere Rolle, und bei den vielen Möglichkeiten, die frisches Gemüse, Pilze, Kräuter und verschiedenen Käsesorten als Belage bieten, kommt sicher keine Langeweile in der Küche auf. Die Rezepte für die verschiedenen Grundteige, die sich fast mit jedem der vorgestellten Beläge kombinieren lassen, werden im ersten Kapitel vorgestellt.

Infos zu den Rezepten

Die Portionsangaben
Sofern nicht anders angegeben, sind alle Rezepte für 4 Personen berechnet. Ausnahmen sind im Rezeptkopf angegeben.

Die Zubereitungszeiten
Die in jedem Rezeptkopf angegebene Zubereitungszeit umfaßt die Vorbereitungs- und Garzeit. Eventuelle Sonderzeiten, wie Zeit zum Ruhen, Zeit zum Quellen oder Zeit zum Marinieren, werden extra im Rezeptkopf ausgewiesen und müssen zur Zubereitungszeit hinzugerechnet werden. Alle Zeitangaben beruhen auf durchschnittlichen Erfahrungswerten. Abweichungen können aufgrund der Beschaffenheit von Zutaten, Kochgeschirr und Herd auftreten.

Die Kalorienangaben
Sie beziehen sich in der Regel auf 1 Portion. Ausnahmen sind im Rezeptkopf angegeben.

Die Backofentemperaturen
Die Temperaturangaben beziehen sich auf einen herkömmlichen Elektroofenmit Ober- und Unterhitze.

Die Abkürzungen

EL	=	Eßlöffel (gestrichen)
TL	=	Teelöffel (gestrichen)
Msp.	=	Messerspitze
Bd.	=	Bund
P.	=	Päckchen
ml	=	Milliliter
kcal	=	Kilokalorien
Min.	=	Minute(n)
Std.	=	Stunde(n)
TK-...	=	Tiefkühl-...
F.i.Tr.	=	Fett in der Trockenmasse

Grundrezepte für Teige

Hefeteig

ca. 1/2 Std.

ca. 1 Std. zum Gehen

insgesamt ca. 1740 kcal

- **400 g Mehl**
- **30 g frische Hefe**
- **1 EL Zucker**
- **1/4 l lauwarmes Wasser**
- **1/2 TL Salz**
- **2 EL Öl**

1. Das Mehl in eine Schüssel sieben und eine Mulde hineindrücken. Die Hefe hineinbröckeln und den Zucker darüberstreuen. Das Wasser in die Mulde gießen und die Hefe vorsichtig mit etwas Mehl, dem Zucker und dem Wasser verrühren.

2. Die Schüssel mit einem Tuch abdecken und den Teig mindestens 1/2 Stunde an einem warmen Ort gehen lassen.

3. Salz und Öl dazugeben und alles zu einem glatten Teig verarbeiten. Nochmals zugedeckt 1/2 Stunde an einem warmen Ort gehen lassen.

4. Den gegangenen Teig aus der Schüssel nehmen und auf einer bemehlten Arbeitsfläche kräftig durchkneten.

Tip
Die angegebene Teigmenge reicht für ein Backblech, die Hälfte für eine Spring-, Pie- oder Quicheform (24 oder 26 cm Ø).

Vollkornhefeteig

ca. 1/2 Std.

ca. 1 Std. zum Gehen

insgesamt ca. 1470 kcal

- **400 g Weizenvollkornmehl**
- **30 g frische Hefe**
- **1 EL Zucker**
- **1/4 l lauwarmes Wasser**
- **1/2 TL Salz**
- **2 EL zerlassene Butter oder Margarine**

1. Das Mehl in eine Schüssel sieben und eine Mulde hineindrücken. Die Hefe hineinbröckeln und den Zucker darüberstreuen. Das Wasser in die Mulde gießen und die Hefe vorsichtig mit etwas Mehl, dem Zucker und dem Wasser verrühren.

2. Die Schüssel mit einem Tuch abdecken und den Teig mindestens 1/2 Stunde an einem warmen Ort gehen lassen.

3. Das Salz und Butter oder Margarine dazugeben. Alles zu einem glatten Teig verarbeiten. Nochmals 1/2 Stunde zugedeckt an einem warmen Ort gehen lassen.

4. Den gegangenen Teig aus der Schüssel nehmen und auf einer bemehlten Arbeitsfläche kräftig durchkneten.

Tip
Die angegebene Teigmenge reicht für ein Backblech, die Hälfte für eine Spring-, Pie- oder Quicheform (24 oder 26 cm Ø).

QUARK-ÖL-TEIG

ca. 1/4 Std.

insgesamt ca. 1330 kcal

- **125 g Magerquark**
- **5 EL Öl**
- **5 EL Milch**
- **Salz**
- **200 g Mehl**
- **1/2 P. Backpulver**

1. Den Quark auf einem Sieb abtropfen lassen und anschließend mit dem Öl, der Milch und etwas Salz verrühren.

2. Das Mehl mit dem Backpulver mischen und nach und nach mit den Knethaken eines Handrührgeräts in die Quarkmischung einarbeiten.

2. Dann den Teig aus der Schüssel nehmen und auf einer bemehlten Arbeitsfläche mit den Händen schnell verkneten.

3. Den Teig in ein feuchtes Tuch wickeln und mindestens 1/2 Stunde im Kühlschrank ruhen lassen.

Tip
Der Teig reicht für eine Spring-, eine Pie- oder eine Quicheform (24 oder 26 cm Ø).

Tip
Der Teig reicht für eine Spring-, Pie- oder Quicheform (24 oder 26 cm Ø).

MÜRBETEIG

ca. 1/4 Std.

ca. 1/2 Std. zum Kühlen

insgesamt ca. 1980 kcal

- **250 g Mehl**
- **1/2 TL Salz**
- **125 g Butter in Flöckchen**
- **1 frisches Ei**

1. Mehl, Salz, Butterflöckchen und Ei in eine Schüssel geben und mit den Knethaken eines Handrührgerätes vermengen.

VOLLKORNMÜRBETEIG

ca. 1/4 Std.

ca. 1/2 Std. zum Kühlen

insgesamt ca. 1820 kcal

- **250 g Weizenvollkornmehl**
- **1/2 TL Salz**
- **125 g Butter in Flöckchen**
- **1 frisches Ei**

1. Das Mehl in eine Schüssel sieben. Das Salz, die Butterflöckchen und das Ei dazugeben und mit den Knethaken eines Handrührgerätes untermischen.

2. Dann auf einer bemehlten Arbeitsfläche mit den Händen schnell zu einem kompakten Teig verkneten.

3. Den Teig mindestens für 1/2 Stunde im Kühlschrank ruhen lassen.

Tip
Der Teig reicht für eine Spring-, Pie- oder Quicheform (24 oder 26 cm Ø).

Tomaten-Zucchini-Pizza

sommerlich • aromatisch

1. Die Hefe im Wasser auflösen. Das Mehl in eine Schüssel geben.

2. Butterschmalz, Hefewasser und etwas Salz mit dem Mehl verrühren, bis ein glatter Teig entstanden ist. Zugedeckt an einem warmen Ort etwa 1/4 Stunde gehen lassen.

3. Ein Backblech einfetten. Den Teig leicht ausrollen, dann auf das Blech drücken. Einen Rand formen und diesen gut andrücken. Den Teigboden mit einer Gabel mehrmals einstechen. Nochmals 1/4 Stunde gehen lassen.

4. Den Backofen auf 220 °C vorheizen. Die Tomaten und Zucchini waschen, jeweils die Stielansätze entfernen und das Gemüse in Scheiben schneiden. Den Teigboden schuppenförmig damit belegen, salzen und mit dem Käse bestreuen.

5. Die Eier mit der Crème fraîche und den Kräutern verquirlen und darüber verteilen.

6. Die Pizza im Backofen etwa 40 Minuten backen und warm servieren.

(auf dem Foto)

ca. 1 1/4 Std.

ca. 1/2 Std. zum Gehen

ca. 380 kcal

- **10 g Hefe**
- **150 ml lauwarmes Wasser**
- **70 g flüssiges Butterschmalz**
- **250 g Mehl**
- **Salz**
- **500 g Tomaten**
- **500 g Zucchini**
- **80 g geriebener Emmentaler**
- **2 frische Eier**
- **100 g Créme fraîche**
- **1 EL feingehackter Majoran**
- **1 EL feingehackter Thymian**

Pizza Margherita

klassisch • italienisch

1. Den Hefeteig zubereiten.

2. Die Tomaten über Kreuz einritzen, kurz mit kochendem Wasser überbrühen, abschrecken, von den Stielansätzen befreien und enthäuten. Das Fruchtfleisch achteln und entkernen.

3. Das Basilikum waschen, unddie Blättchen grob hacken. Den Mozzarella in dünne Scheiben schneiden.

4. Den Backofen auf 220 °C vorheizen und 1 oder 2 Backbleche dünn mit Olivenöl bestreichen.

5. Den Teig eckig in Backblechgröße etwa 1/2 cm dick ausrollen, auf das Blech oder die Bleche legen und dabei die Teigränder hochziehen.

6. Den Teig gut mit Öl bestreichen und mit den Tomaten belegen. Mozzarellascheiben und Basilikum darauf verteilen. Die Pizza salzen, pfeffern und mit dem restlichen Öl beträufeln.

7. Das Ganze im Ofen in etwa 25 Minuten knusprig backen.

ca. 1 1/2 Std.

ca. 1 Std. zum Gehen

ca. 770 kcal

- **1 Rezept Hefeteig** **(s. S. 4)**
- **800 g vollreife Tomaten**
- **1 Bd. Basilikum**
- **250 g Mozzarella**
- **6 EL Olivenöl**
- **Salz**
- **Pfeffer**

rustikal • einfach

Herzhafte Kartoffelpizza

ca. 1 1/2 Std.

ca. 1/2 Std. zum Gehen

ca. 960 kcal

- **1 Rezept Hefeteig (s. S. 4)**
- **1,5 kg festkochende Kartoffeln**
- **5 Tomaten**
- **1/8 l Sojaöl**
- **1 TL grobes Salz**
- **1 TL getrockneter Oregano**

1. Den Hefeteig zubereiten. Inzwischen die Kartoffeln schälen, waschen, in etwas dickere Scheiben schneiden und auf Küchenpapier abtropfen lassen. Die Tomaten waschen, von den Stielansätzen befreien und ebenfalls in Scheiben schneiden.

2. Ein Backblech fetten. Den gegangenen Hefeteig kräftig durchkneten und gleichmäßig auf dem Backblech ausrollen. Mehrmals mit einer Gabel einstechen.

3. Den Hefeteig gleichmäßig mit Kartoffel- und Tomatenscheiben belegen.

4. Das Sojaöl darüberträufeln und alles mit etwas Salz und Oregano bestreuen.

5. Die Pizza in den kühlen Backofen schieben und etwa 40 Minuten bei 200 °C backen. Die fertige Kartoffelpizza aus dem Backofen nehmen, in Stücke schneiden und heiß servieren.

Variation

Statt mit Oregano können Sie die Kartoffelpizza auch mit Kümmel oder Majoran bestreuen.

Pizza mit viererlei Käse

herzhaft • cremig

1. Den Hefeteig zubereiten. In der Zwischenzeit den Parmesan und den Pecorino fein reiben. Den Gorgonzola mit einer Gabel etwas zerdrücken. Den Mozzarella abtropfen lassen und fein würfeln.

2. Alle Käsesorten in einer Schüssel mischen. Den Knoblauch schälen und in dünne Scheiben schneiden. Den Salbei waschen, trockentupfen und die Blätter von den Stielen zupfen. Ein Backblech mit etwas Öl bestreichen und den Backofen auf 225 °C vorheizen.

3. Den gegangenen Teig auf einer bemehlten Arbeitsfläche ausrollen und auf das Backblech geben. Die Teigränder hochdrücken und den Teig mit einer Gabel mehrmals einstechen.

4. Die Käsemischung gleichmäßig auf dem Teigboden verteilen. Die Knoblauchscheibchen darübergeben. Alles mit Salbeiblättchen belegen und mit dem restlichen Öl beträufeln. Die Pizza im Backofen etwa 40 Minuten backen.

ca. 1 1/2 Std.

ca. 3/4 Std. zum Gehen

ca. 590 kcal

- **1 Rezept Hefeteig (s. S. 4)**
- **200 g Parmesan**
- **200 g Pecorino**
- **200 g Gorgonzola**
- **150 g Mozzarella**
- **4 Knoblauchzehen**
- **4 EL Olivenöl**
- **1/2 Bd. Salbei**

unkompliziert • sättigend

PIZZA MIT BLAUSCHIMMELKÄSE

ca. 1 Std.

ca. 1/2 Std. zum Gehen

ca. 1170 kcal

- **1 Rezept Hefeteig (s. S. 4)**
- **500 g Blauschimmelkäse (z.B. Gorgonzola)**
- **2 P. stückige Tomaten (à 370 g)**

1. Den Hefeteig nach der Anleitung auf Seite 4 zubereite und gehen lassen.. Inzwischen den Käse in größere Würfel schneiden. Die geschälten Tomaten mit einer Gabel grob zerkleinern. Den Backofen auf 220 °C vorheizen.

2. Den gegangenen Pizzateig nochmals durchkneten, halbieren und auf einer bemehlten Arbeitsfläche zu 2 runden Böden (ca. 20 cm Ø) ausrollen. Anschließend auf ein mit Backpapier ausgelegtes Backblech legen.

3. Die Tomaten auf dem Teig verteilen, die Käsewürfel darüberstreuen.

4. Die Pizza auf der mittleren Schiene des Backofens 20 bis 25 Minuten backen.

(auf dem Foto oben)

Tip

Wenn Sie etwas mehr Zeit haben, können Sie statt der Packungsware natürlich auch frische Tomaten verwenden. Strauch- oder sogenannte Eiertomaten, möglichst vollreif, schmecken am besten.

pikant • modern

PIZZA MIT SPINAT

ca. 1 1/4 Std.

ca. 1/2 Std. zum Gehen

ca. 1060 kcal

- **1 Rezept Hefeteig (s. S. 4)**
- **1 P. stückige Tomaten (500 g)**
- **600 g frischer Blattspinat**
- **2 Zwiebeln**
- **2 Knoblauchzehen**
- **3 EL Olivenöl**
- **Salz**
- **Pfeffer**
- **400 g Schafskäse**

1. Den Hefeteig nach der Anleitung von Seite 4 zubereiten. Den Backofen auf 220 °C vorheizen.

2. Den gegangenen Teig nochmals durchkneten und auf einer bemehlten Arbeitsfläche zu 4 runden Böden (ca. 20 cm Ø) ausrollen. Auf ein mit Backpapier ausgelegtes Backblech legen.

3. Den Teig mit den Tomatenstückchen bestreichen und im Backofen etwa 15 Minuten vorbacken.

4. In der Zwischenzeit den Spinat verlesen, gründlich waschen und abtropfen lassen. Die Zwiebeln und den Knoblauch schälen und fein würfeln.

5. Das Olivenöl in einem Topf erhitzen, Zwiebel- und Knoblauchwürfel darin andünsten. Den Spinat hinzufügen und zusammenfallen lassen. Mit Salz und Pfeffer würzen.

6. Den Käse in Würfel schneiden. Spinat und Käse auf der vorgebackenen Pizza verteilen und alles im Backofen weitere 10 bis 15 Minuten backen.

(auf dem Foto unten)

sommerlich • mediterran

ZUCCHINI-SCHAFSKÄSE-PIZZA

ca. 1 1/2 Std.

ca. 1 Std. zum Gehen

ca. 970 kcal

- 1 Rezept Vollkornhefeteig (s. S. 4)
- 4 reife Fleischtomaten
- 1 mittelgroße Zwiebel
- 800 g Zucchini
- 6–8 EL Olivenöl
- Meersalz
- Pfeffer
- 1 EL gehackter Oregano
- 150 g schwarze Oliven
- 250 g Schafskäsewürfel, in Olivenöl eingelegt

1. Den Hefeteig zubereiten. Die Tomaten über Kreuz einritzen, heiß überbrühen, von den Stielansätzen befreien, enthäuten undwürfeln

2. Die Zwiebel schälen und fein würfeln. Die Zucchini waschen, putzen und in dünne Scheiben schneiden.

3. In einer größeren Pfanne die Hälfte des Öls erhitzen. Die Zwiebelwürfel darin kurz anbraten, dann die Zucchinischeiben dazugeben. Salzen, pfeffern, mit den Kräutern bestreuen und einige Minuten unter Schwenken braten.

4. Den Backofen auf 220 °C vorheizen und 1 oder 2 Backbleche mit Öl fetten. Den Teigf in Backblechgröße ausrollen, auf das bzw. die Backbleche legen und die Teigränder etwas hochdrücken.

5. Die Tomatenwürfel auf dem Pizzaboden verteilen, leicht salzen und pfeffern. Zucchinischeiben, Oliven und dann die Käsewürfel darauf geben. Alles mit dem restlichen Olivenöl beträufeln. Die Pizza in etwa 25 Minuten knusprig backen.

(auf dem Foto)

scharf • preiswert

PIZZA MEXICANA

ca. 1 1/2 Std.

ca. 1260 kcal

- 1 Rezept Quark-Öl-Teig (s. S 5)
- 1Stange Lauch
- 220 g Kidneybohnen
- 270 g Maiskörner
- 5 EL Olivenöl
- 200 g Tomatenfertigsauce
- 300 g geriebener Gouda
- Salz
- Pfeffer
- je 1/2 TL edelsüßes und scharfes Paprikapulver
- etwas Cayennepfeffer

1. Den Quark-Öl-Teig zubereiten.Die Lauchstange halbieren und gründlich waschen. Die Hälften quer in feine Streifen schneiden.

2. Die Bohnen und den Mais auf ein Sieb geben, abspülen und gut abtropfen lassen. Den Backofen auf 220 °C vorheizen und ein Backblech mit Öl fetten.

3. In einer Pfanne 2 Eßlöffel Öl erhitzen. Die Lauchstreifen darin etwa 5 Minuten dünsten und das Ganze beiseite stellen. Den Teig in Backblechgröße ausrollen und auf das Blech legen.

4. Den Boden gleichmäßig mit der Tomatensauce bestreichen und ein Drittel des Goudas darüberstreuen.

5. Den Lauch auf dem Pizzaboden verteilen, die Bohnen und den Mais darübergeben. Alles salzen, pfeffern und mit Paprikapulver sowie Cayennepfeffer kräftig würzen.

6. Den restlichen Käse darüberstreuen und das Ganze gleichmäßig mit dem restlichen Öl beträufeln. Die Pizza auf der mittleren Schiene in den Ofen geben und in etwa 25 Minuten goldgelb backen. Heiß servieren.

knackig • unkompliziert

PIZZA VERDURE

ca. 1 Std.

ca. 730 kcal

- 1 P. Pizzafertigteig, z.B. von Mondamin
- 1/4 l lauwarmes Wasser
- 2 Zwiebeln
- 2 rote Paprikaschoten
- 1 große Zucchini
- 3 EL Olivenöl
- 270 g Maiskörner
- 1 P. pürierte Tomaten, z.B „Tomato al Gusto Classico" von KNORR
- 2 TL getrockneter Oregano
- Salz • Pfeffer
- 200 g Gouda

1. Den Teig zusammen mit dem Wasser nach Packungsanweisung zubereiten. Dann auf einem mit Backpapier ausgelegten Backblech dünn ausrollen. Den Backofen auf 200 °C vorheizen.

2. Die Zwiebeln schälen und in Ringe schneiden. Die Paprikaschoten waschen, halbieren, entkernen, vom Stielansatz befreien und in Streifen schneiden. Die Zucchini waschen, putzen und in Scheiben schneiden.

3. Das Olivenöl in einem Topf erhitzen. Das Gemüse darin andünsten. Den Mais abtropfen lassen und daruntermischen.

4. Die pürierten Tomaten auf ein Sieb geben, etwas abtropfen lassen und den Pizzaboden damit bestreichen. Das gedünstete Gemüse darauf verteilen.

5. Mit Oregano, Salz und Pfeffer würzen. Den Käse reiben und über das Gemüse streuen.

6. Die Pizza auf der mittleren Schiene in den Ofengeben und in 20 bis 30 Minuten knusprig backen.

Brokkoli-Karotten-Pizza

cremig • mal was anderes

1. Den Hefeteig nach der Anleitung von Seite 4 zubereiten.

2. In der Zwischenzeit die Eier in etwa 10 Minuten hart kochen, kalt abschrecken, pellen und achteln.

3. Die Karotten putzen, schälen, waschen und in Scheiben schneiden. Den Brokkoli putzen, waschen und in kleine Röschen teilen. Das Gemüse in kochendem Salzwasser etwa 8 Minuten garen und abtropfen lassen.

4. Die Sahne in einem Topf erhitzen, den Käse unter Rühren darin stückchenweise schmelzen lassen. Mit Salz und Cayennepfeffer würzen.

5. Den Backofen auf 200 °C vorheizen. Den Teig auf einer bemehlten Arbeitsfläche ausrollen, auf ein gefettetes Backblech legen und die Ränder leicht hochdrücken.

6. Den Pizzaboden mit dem Tomatenmark bestreichen. Die Sahne-Käse-Mischung daraufgießen. Brokkoli, Karotten und Eier darauf verteilen.

7. Die Pizza im Backofen etwa 40 Minuten backen.

ca. 1 1/2 Std.

ca. 1/2 Std. zum Gehen

ca. 1240 kcal

- **1 Rezept Hefeteig (s. S. 4)**
- **8 frische Eier**
- **500 g Karotten**
- **1 kg Brokkoli**
- **Salz**
- **200 g Sahne**
- **300 g Gorgonzola**
- **1 Prise Cayennepfeffer**
- **2 EL Tomatenmark**

mediterran • aromatisch

AUBERGINENPIZZA

ca. 2 Std.

ca. 1 Std. zum Gehen

ca. 900 kcal

- **1 Rezept Hefeteig (s. S. 4)**
- **500 g reife Tomaten**
- **1 Zwiebel**
- **2 Knoblauchzehen**
- **2 Zweige Basilikum**
- **ca. 100 ml Olivenöl**
- **Salz**
- **Pfeffer**
- **500 g kleine, feste Auberginen**
- **2 TL getrockneter Oregano**
- **250 g Mozzarella**

1. Den Hefeteig zubereiten Die Tomaten über Kreuz einritzen, heiß überbrühen, von den Stielansätzen befreien, enthäuten, entkernen und würfeln. Zwiebel und Knoblauch schälen und fein hacken. Das Basilikum waschen und fein wiegen.

2. 3 Eßlöffel Öl erhitzen, Zwiebel- und Knoblauchwürfel darin glasig dünsten, Tomatenl zufügen und das Ganze unter Rühren 20 Minuten köcheln. Mit Salz, Pfeffer und Basilikum würzen. Die Auberginen waschen, putzen und in dünne Scheiben schneiden. In etwa 5 Eßlöffeln Öl anbraten. Salzen und pfeffern. Ofen auf 220 °C vorheizen und ein Blech fetten. Den Teig ausrollen und die Teigränder hochziehen. Den Teigboden einstechen.

3 Mit Tomatenmus bestreichen. Die Auberginenscheiben darauf verteilen und mit dem Oregano bestreuen. Den Mozzarella in Scheiben schneiden und darauf legen. Alles mit Öl beträufeln. Die Pizza in etwa 1/2 Stunde knusprig backen.

pikant • nicht alltäglich

OLIVEN-SCHAFSKÄSE-PIZZA

ca. 1 1/2 Std.

ca. 3/4 Std. zum Ruhen

ca. 1140 kcal

- **80 g Butter**
- **1 frisches Ei**
- **1 gestr. TL Salz**
- **400 g Mehl**
- **200 ml lauwarmes Wasser**
- **150 g schwarze Oliven**
- **3 EL gehackte Petersilie**
- **400 g eingelegter Schafskäse**
- **1 frisches Ei**
- **150 g Sahne**
- **Pfeffer**
- **1 frisches Eigelb**
- **2 EL Olivenöl**

1. Etwa 50 g Butter zusammen mit dem Ei sowie dem Salz unter das Mehl mischen. Nach und nach das Wasser unterkneten, so daß ein glatter Teig entsteht. Zugedeckt etwa 1/2 Stunde ruhen lassen.

2. Die Oliven halbieren und entsteinen. Den Schafskäse zerkleinern. Das Ei, die Petersilie und die Sahne unterrühren. Salzen und pfeffern.

3. Den Teig in 5 Portionen teilen und zu Rechtecken (etwa 20 x 20 cm) ausrollen. Restliche Butter schmelzen, 4 der 5 Teigfladen damit bepinseln und so übereinanderlegen, daß der nicht bestrichene obenauf liegt. Etwa 1/4 Stunde ruhen lassen.

4. Den Ofen auf 200 °C vorheizen. Den Teig in Backblechgröße auswellen, auf ein gefettetes Blech heben und die Teigränder hochziehen. Das Eigelb mit 1 Eßlöffel Wasser verquirlen und den Teig damit bepinseln. Die Oliven darauf verteilen. Die Käse-Sahne-Mischung gleichmäßig auf den Teig geben. Mit Öl beträufeln. Die Pizza auf der mittleren Schiene etwa 1/2 Stunde backen.

Erbsen-Spargel-Pizza

unkompliziert • für Kinder

1. Den Hefeteig nach der Anleitung von Seite 4 zubereiten, die Petersilie dabei einarbeiten.

2. Den Spargel zusammen mit den Erbsen gut abtropfen lassen. Die Eier pellen und einzeln in einem Eierschneider einmal längs und einmal quer zerschneiden.

3. Den Emmentaler fein reiben. Die Pizzatomaten salzen und pfeffern. Den Backofen auf 220 °C vorheizen und ein Blech mit Öl bestreichen.

4. Den Teig auf einer bemehlten Arbeitsfläche ausrollen, auf das Backblech legen und die Teigränder etwas hochziehen.

5. Die Pizzatomaten darauf streichen. Spargel, Erbsen und Eistückchen darauf verteilen. Leicht salzen und pfeffern, mit dem Käse bestreuen und mit dem Öl beträufeln.

6. Die Pizza auf der mittleren Schiene im Backofen in etwa 25 Minuten knusprig backen.

ca. 1 Std.

ca. 1 Std. zum Gehen

ca. 860 kcal

- **1 Rezept Hefeteig (s. S. 4)**
- **1 EL gehackte Petersilie**
- **500 g Spargelstückchen aus dem Gals**
- **200 g Erbsen aus der Dose**
- **2 hartgekochte Eier**
- **200 g Emmentaler**
- **250 g Pizzatomaten aus der Dose**
- **Salz**
- **Pfeffer**
- **2 EL Olivenöl**

nicht alltäglich • sommerlich

Polentapizza mit Auberginen

ca. 2 Std.

ca. 12 Std. zum Kühlen

ca. 600 kcal

- 300 g Maisgrieß
- Salz • 80 g Butter
- 400 g geschälte Tomaten
- 200 g Auberginen
- 3 kleine Zwiebeln
- 2 Knoblauchzehen
- 70 g Tomatenmark
- 1 Prise Paprikapulver
- Cayennepfeffer
- 1 Prise Zucker
- 100 g geriebener Gouda
- 2 EL Olivenöl
- Saft von 1/2 Zitrone
- 3 EL Schnittlauchröllchen

1. Am Vortag den Maisgrieß in 700 ml kochendes Salzwasser einrühren und bei schwacher Hitze in etwa 3/4 Stunden ausquellen lassen. Eine Pfanne mit 2 Eßlöffeln Butter ausstreichen. Die Polenta hineingeben und glattstreichen. Kühl stellen.

2. Tomaten abtropfen lassen, dabei den Saft auffangen. Auberginen putzen, waschen, in Scheiben schneiden, salzen und etwa 20 Mi-nuten stehen lassen. Zwiebeln und Knoblauch fein hacken. Mit Tomatenmark und 2 Eßlöffeln Tomatensaft verrühren. Mit Paprika, Cayennepfeffer und Zucker würzen.

3. Das Öl erhitzen und die Auberginenscheiben darin goldbraun braten. Mit Zitronensaft beträufeln. Die Tomatenpaste auf die Polenta streichen und mit Auberginenscheiben belegen. Die Tomaten würfeln und darauf verteilen. Den Käse darüberstreuen. Restliche Butter auf die Polenta geben und alles zugedeckt bei schwacher Hitze 20 bis 30 Minuten braten. Mit Schnittlauch bestreuen.

(auf dem Foto)

preiswert mal • was anderes

Pizza von Polenta

ca. 1 Std.

ca. 870 kcal

- 1/2 TL Meersalz
- 1/2 TL Gemüsebrüheinstantpulver
- 250 g Polenta (Maisgrieß)
- 1–2 EL Maismehl
- 4 EL Tomatenmark
- 2 zerdrückte Knoblauchzehen
- 1/2 TL Kräuter der Provence
- 6–8 Tomaten
- 2 EL Olivenöl
- 6 EL geriebener Käse

1. Etwa 1 Liter Wasser zum Kochen bringen. Salz und Gemüsebrühe zufügen und den Maisgrieß einstreuen.

2. Etwa 1/4 Stunde bei schwacher Hitze kochen lassen und das Maismehl zugeben. Nochmals 10 bis 15 Minuten unter ständigem Rühren kochen, bis sich der Brei vom Boden löst.

3. Die Polenta noch heiß etwa 2 cm dick auf ein gefettetes Backblech streichen. Etwas abkühlen und fest werden lassen. Den Backofen auf 220 °C vorheizen.

4. In der Zwischenzeit das Tomatenmark mit dem Knoblauch und den Kräutern verrühren und auf die Polenta streichen.

5. Die Tomaten waschen, vom Stielansatz befreien und in dünne Scheiben schneiden. Diese auf die Polenta legen, mit Olivenöl beträufeln und mit dem geriebenen Käse bestreuen.

6. Die Pizza im Ofen etwa 1/4 Stunde backen, bis der Käse geschmolzen ist.

herbstlich • außergewöhnlich

Pizza mit Waldpilzen

ca. 2 Std.

ca. 1190 kcal

- **1 Rezept Hefeteig (s. S. 4)**
- **4 Tomaten**
- **100 g Pfifferlinge**
- **200 g Maronenröhrlinge**
- **100 g Steinpilze**
- **1 Zwiebel**
- **3 EL Olivenöl**
- **Salz • Pfeffer**
- **1 Prise geriebene Muskatnuß**
- **3 EL Crème fraîche**
- **1 TL Speisestärke**
- **200 g junger Provolone**
- **1/2 Bd. Petersilie**
- **1/2 Bd. Schnittlauch**

1. Den Hefeteig zubereiten. Die Tomaten über Kreuz einritzen, heiß überbrühen, von den Stielansätzen befreien, enthäuten, entkernen und in Scheiben schneiden.

2. Den Teig ausrollen, auf ein gefettetes Backblech geben und mit den Tomaten belegen. Den Backofen auf 180 °C vorheizen.

3. Die Pilze putzen und blättrig schneiden. Die Zwiebel schälen, würfeln und in einer Pfanne im Öl glasig schwitzen. Die Pilze dazugeben.

4. Mit Salz, Pfeffer und Muskat abschmecken, die Crème fraîche unterziehen, das Ganze aufkochen lassen und mit angerührter Speisestärke binden.

5. Die Pilze auf den Tomaten verteilen, mit Käse bestreuen und die Pizza 15 bis 20 Minuten backen.

6. Die Kräuter waschen, trockenschleudern, die Petersilie fein hacken und den Schnittlauch in Röllchen schneiden. Die fertige Pizza mit den Kräutern bestreuen.

Pizza mit Gemüse *knackig • frisch*

1. Den Hefeteig zubereiten. Die Tomaten über Kreuz einritzen, mit kochendem Wasser überbrühen, abschrecken, von den Stielansätzen befreien, enthäuten, entkernen und in Scheiben schneiden.

2. Den Teig auf einem Backblech ausrollen, mit einer Gabel mehrmals einstechen und mit den Tomatenscheiben belegen. Den Backofen auf 180 °C vorheizen.

3. Die Frühlingszwiebeln putzen, waschen und kleinschneiden. Erbsenschoten, Karotten und Zucchini putzen bzw. schälen und waschen.

4. Das Öl in einem Topf erhitzen. Das Gemüse darin glasig anschwitzen. Mit dem Weißwein ablöschen, mit Kräutern, Gewürzen, Zitronensaft und einem Spritzer Worcestersauce würzen. Weitere 8 bis 10 Minuten dünsten und abkühlen lassen.

5. Das Gemüse auf dem Pizzaboden verteilen. Den Käse reiben. Das Ganze mit dem Käse bestreuen und im Backofen 15 bis 20 Minuten backen.

ca. 1 1/4 Std.

ca. 1390 kcal

- 1 Rezept Hefeteig (s. S. 4)
- 4 Tomaten
- 1 Bd. Frühlingszwiebeln
- 100 g Erbsenschoten
- 100 g Karotten
- 100 g Staudensellerie
- 1 kleine Zucchini
- 3 EL Olivenöl
- 120 ml Weißwein
- 1 TL Thymian
- 1 TL Oregano
- Salz • Pfeffer
- 1 Prise Muskatnuß
- Saft von 1 Zitrone
- Worcestersauce
- 200 g Provolone

pikant • unkompliziert

VOLLKORN-KNOBLAUCH-PIZZA

ca. 1 1/4 Std.

ca. 1 Std. zum Gehen

ca. 840 kcal

- **1 Rezept Vollkorn-hefeteig (s. S. 4)**
- **10 frische Knob-lauchzehen**
- **6 EL Olivenöl**
- **800 g Pizzatomaten aus der Dose**
- **1 EL getrocknete italienische Kräuter**
- **Salz**
- **Pfeffer**
- **100 g frisch geriebe-ner Parmesan**

1. Den Hefeteig nach der Anleitung von Seite 4 zubereiten und ruhen lassen.

2. Den Knoblauch schälen und fein hacken. 3 Eßlöffel Öl in einem Topf erhitzen, den Knoblauch darin glasig dünsten und die Pizzatomaten hinzufügen.

3. Das Ganze mit den Kräutern, etwas Salz und Pfeffer würzen, anschließend bei milder Hitze etwa 1/4 Stunde köcheln lassen.

4. Den Backofen auf 220 °C vorheizen und ein Backblech mit Öl fetten. Den Teig auf einer bemehlten Arbeitsfläche ausrollen, auf das Blech legen und die Teigränder etwas hochziehen.

5. Den Teigboden löffelweise mit der Knoblauch-Tomaten-Sauce bestreichen. Den Parmesan darüberstreuen und alles mit dem restlichen Öl beträufeln.

6. Die Pizza auf der mittleren Schiene des Backofens etwa 25 Minuten backen.

würzig • nicht alltäglich

VOLLKORN-ZWIEBEL-PIZZA

ca. 1 1/2 Std.

ca. 1 Std. zum Gehen

ca. 950 kcal

- **1 Rezept Vollkorn-hefeteig (s. S. 4)**
- **800 g Pizzatomaten**
- **2 Knoblauchzehen**
- **Meersalz**
- **2 EL gehackter Oregano**
- **Pfeffer**
- **500 g Zwiebeln**
- **4 EL Olivenöl**
- **4 EL Butter**
- **1 TL Kümmelpulver**
- **6 EL trockener Weißwein**
- **150 g Schafskäse, in Kräuterolivenöl eingelegt**

1. Den Hefeteig zubereiten. Die Tomaten in einen Topf geben. Den Knoblauch schälen und dazupressen. Alles aufkochen und mit Salz, Oregano sowie Pfeffer würzen. Etwa 20 Minuten lang einköcheln lassen.

2. Zwiebeln schälen und in feine Streifen schneiden. In einer Pfanne Öl und Butter erhitzen. Zwiebeln hineingeben, mit Kümmel, Salz und Pfeffer würzen und anbraten. Mit Wein ablöschen und 10 Minuten dünsten.

3. Den Backofen auf 220 °C vorheizen und ein Backblech fetten. Den Teig ausrollen, auf das Blech legen und die Teigränder hochziehen.

4. Den Tomatensugo auf den Teigboden streichen und mit den Zwiebeln belegen. Das in der Pfanne zurückbleibende Fett darüberträufeln. Die Pizza auf der mittleren Schiene etwa 10 Minuten vorbacken.

5. Den Schafskäse mit einer Gabel zerdrücken. Die Pizza mit dem Käse bestreuen und mit etwa 2 Eßlöffeln von dem Kräuteröl beträufeln. Die Pizza in etwa 1/4 Stunde fertig backen.

VOLLKORN-KRÄUTER-PIZZA

aromatisch • modern

1. Haferflocken mit 200 ml kochendem Wasser übergießen und etwa 1/4 Stunde ausquellen lassen. Das Mehl in eine Schüssel geben und eine Mulde hineindrücken. Die Hefe in das lauwarme Wasser bröckeln, mit dem Honig verrühren und in die Mulde gießen. Zugedeckt an einem warmen Ort 20 Minuten gehen lassen.

2. Haferflocken, Vorteig und etwas Salz verkneten. Zugedeckt weitere 40 Minuten gehen lassen. Die Tomaten in Scheiben schneiden. Den Knoblauch und Kräuter mit 4 Eßlöffeln Öl verrühren. Den Ofen auf 200 °C vorheizen und 2 Backbleche fetten.

3. Den Teig rund (viermal etwa 20 cm) ausrollen, auf die Bleche legen.

4. Den Teig mit der Hälfte des Kräuter-Knoblauch-Öls einpinseln. Die Tomatenscheiben darauf verteilen, leicht salzen und mit dem restlichen Öl beträufeln. Den Käse darüberstreuen.

5. Die Pizzas auf der mittleren Schiene im Ofen in etwa 40 Minuten knusprig backen. Heiß servieren.

ca. 1 1/2 Std.

ca. 1 Std. zum Gehen

ca. 810 kcal

- **100 g Haferflocken**
- **400 g Weizenvollkornmehl**
- **40 g frische Hefe**
- **200 ml lauwarmes Wasser**
- **1 EL Honig**
- **1/2 TL Meersalz**
- **600 g Tomaten**
- **3 EL gehackte, gemischte Kräuter**
- **4 Knoblauchzehen**
- **5 EL Olivenöl**
- **150 g geriebener Greyerzer**

nicht alltäglich • mild

Überbackene Hirsepizza

ca. 1 1/4 Std.

ca. 480 kcal

- **1 Würfel Gemüsebrühe (für 1/2 l Flüssigkeit)**
- **150 g Hirsekörner**
- **3 EL Butter**
- **3 Tomaten**
- **300 g Brokkoli**
- **Salz**
- **50 g Champignons**
- **300 g Gouda, z.B. von Pikantje**

1. Etwa 1/2 Liter Wasser zu Kochen bringen. Den Gemüsebrühewürfel darin auflösen, dann die Hirse hinzufügen und in etwa 1/4 Stunde weichkochen. 2 Eßlöffel Butter unterrühren. Die Hirse noch warm in eine Springform (etwa 22 cm Ø) drücken, den Rand etwas hochziehen.

2. Die Tomaten waschen, die Stielansätze entfernen, das Fruchtfleisch in Scheiben schneiden und den Hirseboden damit belegen. Den Ofen auf 200 °C vorheizen.

3. Den Brokkoli waschen, zerkleinern und in 1 Eßlöffel Butter, 4 Eßlöffeln Wasser und Salz dünsten. Die Pilze putzen, waschen und blättrig schneiden. In gut 1 Eßlöffel Wasser und 1/2 Eßlöffel Butter kurz dünsten. Brokkoli und Pilze abtropfen lassen. Den Käse fein würfeln.

4. Das Gemüse auf den Tomaten verteilen. Die Pizza etwa 1/2 Stunde im Ofen backen. Dann mit dem Käse bestreuen und weitere 5 bis 10 Minuten überbacken.

(auf dem Foto)

außergewöhnlich • italienisch

Maisgriespizza

ca. 1 1/4 Std.

ca. 1 Std. zum Gehen

ca. 900 kcal

Für den Teig:
- **300 g Mehl**
- **200 g Maisgries**
- **40 g frische Hefe**
- **ca. 1/4 l lauwarmes Wasser**
- **1 EL Honig**
- **1 gestr. TL Meersalz**
- **1 EL Olivenöl**

Für den Belag:
- **600 g Tomaten**
- **1/2 Bd. Basilikum**
- **3 EL Olivenöl**
- **Salz • Pfeffer**
- **250 g Mozzarella**
- **150 g schwarze Oliven**

1. Aus den Teigzutaten einen Hefeteig zubereiten (s Anweisung S. 4).

2. Die Tomaten über Kreuz einritzen, kurz mit kochendem Wasser überbrühen, abschrecken, von den Stielansätzen befreien, enthäuten und in kleine Würfel schneiden. Das Basilikum waschen, die Blätter abzupfen, in ganz feine Streifen schneiden, zu den Tomatenwürfeln geben und alles mit dem Öl vermengen.

3. Den Backofen auf 200 °C vorheizen. Ein Backblech mit Öl fetten. Den Teig mit den Händen flach drücken, auf das Backblech heben und ausrollen. Die Teigränder etwas hochziehen.

4. Die Tomaten gleichmäßig auf dem Teig verteilen, salzen und pfeffern.

5. Den Mozzarella abtropfen lassen, erst in dünne Scheiben und diese in schmale Streifen schneiden. Die Mozzarellastreifen und die Oliven gleichmäßig auf dem Tomatenbelag verteilen.

6. Die Pizza auf der unteren Schiene im Ofen in etwa 1/2 Stunde goldgelb backen.

PIZZA FORMAGGIO

ca. 1 Std.

ca. $1^1/_4$ Std. zum Gehen

ca. 1050 kcal

- **600 g Mehl**
- **40 g frische Hefe**
- **1 Prise Zucker**
- **200 ml lauwarmes Wasser**
- **je 50 g geriebener Pecorino und Parmesan**
- **2 frische Eier**
- **50 g Greyerzer**
- **Salz**
- **6 EL Olivenöl**
- **600 g reifeTomaten**
- **Pfeffer**
- **1 TL getrocknete italienische Kräuter**

1. Aus Mehl, Hefe, Zucker und etwas Wasser einen Vorteig ansetzen (s. S. 4). Mit etwas Mehl bestäuben und mit einem Tuch bedeckt etwa 20 Minuten an einem warmen Ort gehen lassen.

2. Den geriebenen Käse mit den Eiern verquirlen. Die Hälfte des Greyerzers würfeln und unterrühren.

3. Den Vorteig zusammen mit einer Prise Salz, dem restlichen Wasser, 1 Eßlöffel Olivenöl und der Käse-Ei-Masse verkneten. Mit einem Tuch bedeckt weitere 40 Minuten an einem warmen Ort gehen lassen.

4. Die Tomaten waschen, von den Stielansätzen befreien und in dünne Scheiben schneiden. Den Backofen auf 200 °C vorheizen und ein Backblech mit Öl fetten.

5. Den Teig auf einer bemehlten Arbeitsfläche ausrollen, Auf das Backblech legen und die Teigränder leicht hochziehen.

6. Den Teig mehrmals mit einer Gabel einstechen, mit dem restlichen Öl bepinseln und mit den Tomatenscheiben belegen. Salz, Pfeffer und Kräuter darüberstreuen.

7. Den restlichen Greyerzer reiben und auf der Pizza verteilen. Das Ganze mit einem Tuch bedecken und nochmals etwa $^1/_4$ Stunde gehen lassen.

8. Die Pizza auf der mittleren Schiene im Backofen in etwa 25 Minuten knusprig backen.

Tip

Achten Sie darauf, daß Sie vollreife, aromatische Freilandtomaten bekommen, denn mit wäßrigen Treibhausfrüchten schmeckt die Pizza nur halb so gut. Noch besser schmeckt diese typisch italienische Käsepizza, wenn Sie sie statt mit getrockneten mit frischen Kräutern, zum Beispiel Basilikum, Thymian, Oregano und Rosmarin, zubereiten.

Variation

Variieren Sie die geriebenen Käsesorten für den Teig nach Belieben. Fragen Sie in Ihrem Käsefachgeschäft nach weiteren Würzkäsesorten (Hart- oder Reibekäse) aus Italien (zum Beispiel Parmigiano-Reggiano, Granasorten oder Asagio vecchio).

Flaggenpizza

originell • herzhaft

1. Den Hefeteig zubereiten. 4 Eßlöffel Öl erhitzen. Zwiebel und Knoblauch schälen, hacken und darin andünsten. Tomatenmark einrühren und mit dem Rotwein ablöschen. Tomaten zufügen, mit einer Gabel zerdrücken und das Ganze etwa 20 Minuten köcheln lassen. Mit Kräutern, Salz und Pfeffer würzen.

2. Die Paprikaschoten waschen, putzen und in dünne Streifen schneiden. Den Ofen auf 220°C vorheizen und 2 Bleche mit Öl fetten. Den Teig in 4 Portionen teilen und zu Rechtecken ausrollen. Die Böden auf die Bleche setzen, mit einer Gabel einstechen und mit dem Tomatensugo bestreichen.

3. Die Pizzas längs mit einem Streifen Oliven belegen. Den zweiten Abschnitt mit roten Paprikastreifen und den dritten mit den gelben belegen. Käse reiben, darüberstreuen und mit dem restlichen Öl beträufeln.

4. Die Pizzas in etwa 35 Minuten knusprig backen. In der letzten 1/4 Stunde mit Alufolie abdecken und die Hitze auf 180 °C reduzieren.

ca. 1 1/2 Std.

ca. 1 Std. zum Gehen

ca. 1100 kcal

- 1 Rezept Hefeteig (s. S. 4)
- 8 EL Olivenöl
- 1 große Zwiebel
- 5 Knoblauchzehen
- 2 EL Tomatenmark
- 1/8 l Rotwein
- 600 g geschälte Tomaten
- je 1 EL Basilikum und Rosmarin
- Salz • Pfeffer
- je 2 rote und gelbe Paprikaschoten
- 200 g schwarze Oliven
- 200 g Gouda

kalorienarm • geht schnell

GEMÜSEPIZZA

ca. 1 1/2 Std.

ca. 240 kcal

- 1 Rezept Hefeteig (s. S. 4)
- 4 mittelgroße Zwiebeln
- je 2 rote, grüne und gelbe Paprikaschoten
- 50 g Gouda
- 1 P. stückige Tomaten (250 g)
- Salz
- bunter Pfeffer
- 1 TL getrockneter Oregano

1. Den Hefeteig nach der Anleitung von Seite 4 zubereiten.

2. Die Zwiebeln schälen und in Ringe schneiden. Die Paprikaschoten waschen, von Rippen, Kernen sowie Stielansätzen befreien und das Fruchtfleisch in Streifen schneiden. Den Käse reiben.

3. Den Backofen auf 200 °C vorheizen. 1 Backblech mit Backpapier auslegen. Den Teig auf einer bemehlten Arbeitsfläche rechteckig ausrollen. Auf das Backblech geben und die Teigränder etwas hochziehen.

4. Die Tomaten auf den Teigboden streichen und mit Salz, Pfeffer sowie Oregano würzen. Paprikaschoten und Zwiebeln darauf verteilen und alles mit Käse bestreuen.

5. Die Pizza auf der mittleren Schiene im Ofen etwa 20 Minuten backen.

(auf dem Foto)

nicht alltäglich • pikant

CALZONE MIT ZWIEBELN UND EIERN

ca. 1 1/2 Std.

ca. 1 Std. zum Gehen

ca. 910 kcal

- 1 Rezept Hefeteig (s. S. 4)
- 500 g Zwiebeln
- 7 EL Olivenöl
- 4 hartgekochte Eier
- 250 g Mozzarella
- 1 EL Tomatenmark
- Salz
- Pfeffer
- 2 EL gehackte Petersilie
- 1 frisches Eigelb

1. Den Hefeteig zubereiten. Die Zwiebeln schälen und in Scheiben schneiden. 3 Eßlöffel Öl erhitzen und die Zwiebeln darin unter Rühren etwa 10 Minuten dünsten.

2. Die Eier pellen und in Scheiben schneiden. Den Mozzarella abtropfen lassen und in Scheiben schneiden.

3. Den Ofen auf 220 °C vorheizen und 1 Backblech mit Öl fetten. Den Teig in Backblechgröße ausrollen und so auf das Blech legen, daß eine Hälfte seitlich überhängt.

4. Das Tomatenmark mit 2 Eßlöffeln Öl verrühren. Die auf dem Blech liegende Teighälfte dünn mit der Tomatenmark-Öl-Mischung bestreichen. Dabei einen schmalen Rand freilassen. Die Hälfte der Zwiebeln darauf geben. Einen Teil der Ei- und Mozzarellascheiben sowie etwas Petersilie darauf verteilen. Die restlichen Zutaten darübergeben und dabei die einzelnen Schichten leicht salzen und pfeffern.

5. Die zweite Teighälfte über den Belag schlagen und die Teigränder fest zusammendrücken. Eigelb mit 1 Eßlöffel Öl verrühren und die Teigoberfläche damit bepinseln. Die Calzone in etwa 1/2 Stunde goldgelb backen.

unkompliziert • saftig

Calzone mit Blätterteig

Für 2 Calzone

ca. 1 Std.

ca. 1240 kcal

- **500 g frischer Spinat**
- **Salz**
- **300 g Ricotta (italienischer Frischkäse)**
- **2 frische Eier**
- **2 durchgepreßte Knoblauchzehen**
- **150 g geriebener Pecorino**
- **1 TL Olivenöl**
- **Pfeffer**
- **Butter für das Blech**
- **2 Blätterteigpizzaböden aus der Kühltheke**
- **1 frisches Eigelb**
- **1 EL Olivenöl**

1. Den Spinat putzen, waschen und inkochendem Salzwasser etwa 1 Minute blanchieren. Mit kaltem Wasser abschrecken und abtropfen lassen.

2. Den Ricotta mit den Eiern und dem Knoblauch verrühren. Den Pecorino sowie das Öl dazugeben. Leicht salzen und pfeffern. Den Spinat mit den Händen ausdrücken, fein hacken und unter die Käsemasse heben.

3. Den Backofen auf 220 °C vorheizen und 1 Backblech mit Butter fetten. Die Blätterteigböden zur Hälfte mit der Spinat-Käse-Masse bestreichen. Dabei einen schmalen Rand freilassen. Diesen mit etwas Wasser anfeuchten. Die anderen Teighälften darüberschlagen und die Ränder fest zusammendrücken.

4. Die beiden Teigtaschen mit zwei Pfannenhebern vorsichtig auf das Backblech setzen. Das Eigelb mit dem Öl verquirlen und die gefüllten Pizzen an der Oberseite damit bepinseln.

5. Die Calzone auf der mittleren Schiene im Ofen etwa 25 Minuten backen. Vor dem Servieren kurz ruhen lassen.

Grüne Calzone

sommerlich • mild

1. Aus den genannten Zutaten einen Hefeteig bereiten (s. S. 4). Die Tomaten grob zerkleinern und in einem Topf 10 Minuten einkochen lassen, salzen und pfeffern. Die Oliven halbieren. Den Mozzarella abtropfen lassen und in Scheiben schneiden.

2. Den Backofen auf 220 °C vorheizen und 1 Backblech fetten. Die Paprikaschoten und die Zucchini putzen und waschen. Paprikaschoten in dünne Streifen, Zucchini in schmale Stifte schneiden.

3. Den Teig halbieren und zu 2 ovalen Teigstücken ausrollen. Ein Teigstück mit der Hälfte der Tomaten, des Gemüses und des Basilikums belegen. Mit der Hälfte des Käses bestreuen. Dabei einen schmalen Rand freilassen.

4. Die leere Teighälfte darüberklappen und die Ränder zusammendrücken. Den zweiten Teigfladen daneben setzen und genauso füllen. Das Eigelb mit etwas Wasser verquirlen und die Pizzas damit bestreichen.

5. Die Calzone im Ofen etwa 1/2 Stunde backen. In den letzten 10 Minuten auf etwa 180 °C herunterschalten.

ca. 1 3/4 Std.

ca. 1 1/2 Std. zum Gehen

ca. 1080 kcal

Für den Teig:
- **400 g Mehl**
- **1 gestr. TL Zucker**
- **20 g frische Hefe**
- **6 EL lauwarme Milch**
- **150 g weiche Butter**
- **3 frische Eier • Salz**

Für die Füllung:
- **300 g Pizzatomaten**
- **Pfeffer • 200 g grüne, entsteinte Oliven**
- **250 g Mozzarella**
- **2 grüne Paprikaschoten • 1 Zucchini**
- **3 EL Basilikum**
- **50 g geriebener Parmesan • 1 Eigelb**

ofenfrisch am besten

Focaccia alla Basilicata

ca. $1^1/_2$ Std.

ca. $1^1/_4$ Std. zum Gehen

ca. 490 kcal

- **200 g festkochende Kartoffeln**
- **1 gestr. EL Salz**
- **600 g Mehl**
- **40 g frische Hefe**
- **1 Prise Zucker**
- **ca. $^1/_4$ l lauwarmes Wasser**
- **1 EL Olivenöl**
- **1 TL getrockneter Oregano**
- **5 EL Olivenöl für das Blech und zum Beträufeln**
- **1 EL gehackter Thymian**

1. Die Kartoffeln in der Schale garen, pellen und dann zerdrücken.

2. Das Mehl in eine Schüssel sieben, die Kartoffelmasse daruntermengen und in die Mitte eine Vertiefung drücken. Die Hefe hineinbröseln, den Zucker dazugeben, mit der Hälfte des Wassers verrühren und mit etwas Mehl bestäuben. Zugedeckt 20 Minuten an einem warmen Ort gehen lassen.

3. Den Backofen auf 200 °C vorheizen und 1 Backblech mit 1 Eßlöffel Öl fetten. Den Vorteig mit Salz, Öl, dem restlichen Wasser und Oregano zu einem geschmeidigen Teig verkneten. 40 Minuten gehen lassen.

4. Den Teig gut durchkneten, ausrollen und auf das Blech legen. Mit einer Gabel einstechen und bedeckt $^1/_4$ Stunde gehen lassen.

5. Das Ganze etwa 35 Minuten backen. Kurz vor Ende der Backzeit mit dem Thymian bestreuen und mit dem restlichen Öl beträufeln.

(auf dem Foto oben)

knusprig • italienisch

Pizza Pane

ca. 1 Std.

ca. $1^1/_4$ Std. zum Gehen

ca. 360 kcal

Für den Teig:

- **500 g Mehl**
- **40 g frische Hefe**
- **gut $^1/_4$ l lauwarmes Wasser**
- **1 Prise Zucker**

Außerdem:

- **ca. 6 EL Olivenöl**
- **Salz**
- **1 EL getrockneter Oregano oder italienische Kräuter**

1. Aus den Zutaten eine Hefeteig bereiten (s. S. 4). Den Teig vor dem zweiten Gehen bereits in 4 Portionen teilen.

2. Den Backofen auf 220 °C vorheizen und 2 Backbleche mit Öl fetten.

3. Die Teigportionen auf einer bemehlten Arbeitsfläche nochmals durchkneten, etwa $^1/_2$ cm dick zu runden Fladen (ca. 20 cm Ø) ausrollen, auf die Bleche setzen und die Teigränder etwas hochziehen.

4. Die Pizzabrote mit einer Gabel mehrmals einstechen, mit reichlich Öl bestreichen, nach Belieben salzen und mit Oregano oder italienischen Kräutern bestreuen, mit einem Tuch abdecken und an einem warmen Ort nochmals $^1/_4$ Stunde gehen lassen.

5. Mit einem Messer Portionsstücke in die Fladen ritzen. Die Backbleche nacheinander auf der mittleren Schiene in den Ofen schieben und die Pizzabrote jeweils in etwa 25 Minuten knusprig backen.

(auf dem Foto unten)

1liter

Gemüsequiche

knackig • aromatisch

ca. $1^1/_2$ Std.

ca. 500 kcal

- **4 Scheiben TK-Blätterteig**
- **je 1 rote, grüne und gelbe Paprikaschote**
- **1 mittelgroße Zucchini**
- **einige Stiele Thymian, Majoran, Basilikum und Rosmarin**
- **6 frische Eier**
- **$^1/_4$ l Milch**
- **Salz**
- **Pfeffer**
- **100 g Schafskäse**

1. Den Blätterteig nach Packungsanweisung auftauen lassen.

2. Die Paprikaschoten putzen, waschen und in Streifen schneiden. Die Zucchini putzen, waschen und in Scheiben schneiden. Die Kräuter waschen, trockenschleudern und fein hacken. Den Ofen auf 175 °C vorheizen.

3. Die Blätterteigscheiben auf einer bemehlten Arbeitsfläche übereinanderlegen und in Größe der Quicheform (26 cm Ø) ausrollen. Die Form damit auslegen. Die Paprikastreifen und die Zucchinischeiben darauf verteilen.

4. Die Eier, die Milch sowie die gehackten Kräuter verquirlen und mit Salz und Pfeffer würzen. Die Eiermilch über das Gemüse gießen. Den Käse würfeln und darüberstreuen.

5. Die Quiche etwa $^3/_4$ Stunden auf der mittleren Schiene des Ofens backen.

(auf dem Foto)

Brokkoli-Apfel-Tarte

mal was anderes • herbstlich

ca. 1 $^1/_4$ Std.

ca. $^1/_2$ Std. zum Ruhen

ca. 700 kcal

- **1 Rezept Vollkornmürbeteig (s. S. 5)**
- **250 g Brokkoli**
- **1 Gemüsezwiebel**
- **1 großer säuerlicher Apfel**
- **1 EL Butter**
- **1 EL Rosinen**
- **3 Eier**
- **$^1/_4$ l Milch**
- **Salz**
- **Pfeffer**
- **1 Prise geriebene Muskatnuß**

1. Den Teig zubereiten. Den Ofen auf 200 °C vorheizen.

2. Eine feuerfeste flache Form (ca. 28 cm Ø) ausfetten und den Teig hineindrücken. Am Boden mit einer Gabel mehrmals einstechen und etwa $^1/_4$ Stunde vorbacken.

3. In der Zwischenzeit den Brokkoli waschen, putzen, in Röschen teilen und in wenig Salzwasser etwa 8 Minuten dünsten, danach abtropfen lassen. Die Zwiebel schälen und in Scheiben schneiden. Den Apfel waschen, entkernen und in feine Spalten schneiden.

4. Die Butter in einer Pfanne erhitzen und Zwiebelscheiben sowie Apfelspalten darin 5 Minuten dünsten. Die Rosinen dazugeben.

5. Die Eier und die Milch verquirlen. Mit Salz, Pfeffer und Muskat würzen.

6. Den Brokkoli und die Zwiebel-Apfel-Mischung gleichmäßig auf dem Teigboden verteilen. Mit Salz und Pfeffer würzen und mit der Eiermilch übergießen.

7. Die Tarte weitere 15 bis 20 Minuten backen, bis die Eiermilch gestockt ist. Heiß in der Form servieren.

außergewöhnlich • raffiniert

APFEL-ZWIEBEL-QUICHE

ca. 1 1/2 Std.

ca. 1/2 Std. zum Gehen

ca. 780 kcal

Für den Teig:

- **10 g frische Hefe**
- **75 ml Milch**
- **75 ml warmes Wasser**
- **250 g Weizenmehl**
- **Salz • 1 EL Butter**

Für den Belag:

- **750 g Gemüsezwiebeln 2 EL Butter**
- **400 g Äpfel**
- **100 g Gorgonzola**
- **Pfeffer**
- **2 EL Mohnsamen**
- **1 EL Thymian**
- **200 g saure Sahne**
- **100 g Crème fraîche**
- **3 frische Eier**

1. Aus den Teigzutaten einen Hefeteig zubereiten (s. S. 4). Die Zwiebeln schälen, in Ringe schneiden und in der Butter etwa 20 Minuten dünsten.

2. Die Äpfel schälen, entkernen und in feine Spalten schneiden. Den Käse würfeln. Den Backofen auf 200 °C vorheizen.

3. Die Zwiebeln kräftig salzen und pfeffern. Mit den Äpfeln, dem Käse, 1 1/2 Eßlöffeln Mohn und dem Thymian (1 Teelöffel zum Bestreuen aufheben) mischen. Den Teig auf einer bemehlten Arbeitsfläche ausrollen. Eine Quicheform ausfetten und mit dem Teig auslegen. Dabei einen etwa 5 cm hohen Rand formen.

4. Saure Sahne mit Crème fraîche und Eiern verquirlen. Die Hälfte davon mit der Apfel-Zwiebel-Mischung vermengen und auf dem Teig verteilen. Den restlichen Guß darübergießen.

5. Die Quiche mit dem restlichen Mohn bestreuen und auf der untersten Schiene des Ofens in etwa 40 Minuten goldgelb backen. Vor dem Servieren mit dem restlichen Thymian bestreuen.

Mangoldquiche mit Zitronenguss

nicht alltäglich • frisch

ca. 1 1/2 Std.

ca. 1 Std. zum Ruhen

ca. 720 kcal

- 250 g Weizenmehl
- Salz
- 7 EL Olivenöl
- 1 frisches Ei
- 30 g getrocknete Mischpilze
- 1,5 kg Mangold
- 2 Zwiebeln
- 3 Knoblauchzehen
- Salz • Pfeffer
- geriebene Muskatnuß
- 4 EL Zitronensaft
- 250 g Ricotta (ital. Frischkäse)
- 4 frische Eier
- abger. Schale von 1 1/2 Zitronen

1. Mehl, 1/2 Teelöffel Salz, 5 Eßlöffel Öl, Ei und 2 Eßlöffel Wasser zu einem Teig verkneten und kühl stellen.

2. Die Pilze in 125 ml lauwarmem Wasser 1/2 Stunde einweichen. Den Mangold waschen, putzen und in Streifen schneiden. Zwiebeln und Knoblauch schälen, hacken. Pilze abtropfen lassen, dabei das Einweichwasser auffangen, und hacken.

3. Restliches Öl erhitzen. Zwiebeln und Knoblauch darin glasig dünsten, die Pilze untermischen. Mit dem Einweichwasser ablöschen. Mangold dazugeben und zugedeckt zusammenfallen lassen. Mit Salz, Pfeffer, Muskat und Zitronensaft würzen.

4. Den Backofen auf 225 °C vorheizen. Eine Quicheform ausfetten. Den Teig ausrollen und die Form damit auskleiden. Mit einer Gabel mehrmals einstechen. Ricotta , Eier und Zitronenschale glattrühren, salzen und pfeffern. Die Hälfte davon unter den Mangold mischen. Das Gemüse auf den Teig geben. Den restlichen Guß darauf verteilen. Die Quiche etwa 1/2 Stunde backen.

vollwertig • herzhaft

Lauchquiche

ca. 2 Std.

ca. 1/2 Std. zum Kühlen

ca. 740 kcal

- **1 Rezept Vollkornmürbeteig (s. S. 5)**
- **600 g Lauch**
- **100 g Zwiebeln**
- **2 EL Olivenöl**
- **Salz • Pfeffer**
- **geriebene Muskatnuß**
- **150 g saure Sahne**
- **2 frische Eier**
- **100 g geriebener Käse**
- **3 EL feingehackte Kräuter (Petersilie, Schnittlauch, Kerbel)**
- **Kräutersalz**

1. Den Vollkornmürbeteig gemäß der Anleitung von Seite 5 herstellen.

2. Den Lauch putzen, waschen und in Streifen schneiden. Die Zwiebeln schälen und in dünne Scheiben schneiden.

3. Das Olivenöl in einem Topf erhitzen. Lauchstreifen und Zwiebelscheiben darin andünsten und mit Salz, Pfeffer und Muskat würzen.

4. Eine Springform ausfetten. Den Teig auf einer bemehlten Arbeitsfläche ausrollen, in die Form legen und einen Rand hochziehen. Den Teigboden mehrmals mit einer Gabel einstechen. Den Ofen auf 200 °C vorheizen.

5. Die saure Sahne mit den Eiern und dem Käse verrühren. Die Kräuter untermischen und das Ganze mit Kräutersalz und Pfeffer abschmecken.

6. Den Lauch auf dem Teigboden verteilen und die Eiersahne darübergießen. Die Quiche in 40 bis 45 Minuten goldgelb backen.

einfach • unkompliziert

Champignonquiche

ca. 1 1/2 Std.

ca. 1/2 zum Kühlen

ca. 860 kcal

- **1 Rezept Mürbeteig (s. S. 5)**
- **400 g Champignons**
- **2 Zwiebeln**
- **2 EL Butter**
- **3 frische Eier**
- **300 g Crème fraîche**
- **Salz**
- **Pfeffer**
- **2 Tomaten**
- **1 Zweig Petersilie**

1. Den Mürbeteig nach der Anleitung von Seite 5 herstellen. Den Backofen auf 200 °C vorheizen.

2. Eine Springform ausfetten. Den Teig auf einer bemehlten Arbeitsfläche ausrollen und so in die Springform drücken, daß ein Rand entsteht. Den Teigboden mehrmals einstechen und etwa 10 Minuten vorbacken.

3. Die Champignons putzen, waschen und in dünne Scheiben schneiden. Die Zwiebeln schälen und würfeln.

4. Die Butter in einem Topf erhitzen. Die Zwiebelwürfel darin glasig braten. Die Pilze hineingeben und dünsten.

5. Die Eier mit Crème fraîche, etwas Salz und Pfeffer verrühren und die Champignon-Zwiebel-Mischung darunterheben. Die Tomaten waschen, vom Stielansatz befreien und achteln.

6. Die Masse auf dem Teigboden verteilen und die Quiche etwa 20 Minuten backen. Mit Tomatenachteln und Petersilie garniert servieren.

Quiche mit Zuckerschoten

raffiniert • knackig

ca. 1 3/4 Std.

ca. 870 kcal

- **100 g weiche Butter**
- **200 g Mehl**
- **5 frische Eier**
- **Salz**
- **250 g Kirschtomaten**
- **400 g Zuckerschoten**
- **200 ml Milch**
- **Pfeffer**
- **geriebene Muskatnuß**
- **1 EL Schnittlauchröllchen**
- **1/2 EL gehackte Petersilie**

1. Die Butter in Stücke schneiden und zusammen mit dem Mehl, 1 Ei und 1/2 Teelöffel Salz zu einem Mürbeteig verkneten. In Folie wickeln und für 1/2 Stunde kühl stellen.

2. Die Tomaten waschen. Je nach Größe eventuell halbieren. Die Zuckerschoten putzen und waschen. In reichlich kochendem Salzwasser 4 bis 5 Minuten blanchieren. Auf ein Sieb gießen und kalt abschrecken.

3. Die restlichen Eier, Milch, Salz, Pfeffer und Muskat verrühren. Die Kräuter gründlich untermischen. Den Ofen auf 200 °C vorheizen.

4. Den Mürbeteig auf einer leicht bemehlten Arbeitsfläche rund (ca. 32 cm Ø) ausrollen und eine leicht gefettete Quicheform damit auslegen. Den Teigboden mehrmals mit einer Gabel einstechen.

5. Zuckerschoten und Kirschtomaten auf dem Boden verteilen. Mit der Eiermilch übergießen. Die Quiche 50 bis 60 Minuten backen.

herbstlich • außergewöhnlich

AUSTERNPILZ-KAROTTEN-QUICHE

ca. $1^1/_2$ Std.

ca. 780 kcal

- **1 Rezept Quark-Öl-Teig (s. S. 5)**
- **500 g Austernpilze**
- **2 EL Butterschmalz**
- **Salz, weißer Pfeffer**
- **2 Zwiebeln**
- **400 g Karotten**
- **100 g mittelalter, geriebener Gouda**
- **Saft und abger. Schale von $^1/_2$ Zitrone**
- **1 EL Thymianblättchen**
- **3 EL feingehackte Petersilie**
- **100 g Sahne**
- **100 g Crème fraîche**
- **3 frische Eier**

1. Den Teig zubereiten. Eine Quicheform ausfetten. Den Teig auf einer bemehlten Arbeitsfläche ausrollen, in die Form legen und einen Rand hochziehen.

2. Die Pilze in Streifen schneiden. Portionsweise in 1 Eßlöffel Butterschmalz rundherum kräftig anbraten, dann trockentupfen. Salzen und pfeffern.

3. Die Zwiebeln fein würfeln und im restlichen Butterschmalz dünsten. Die Karotten putzen, schälen und in Scheiben schneiden. Dann etwa 3 Minuten blanchieren.

4. Den Backofen auf 225 °C vorheizen. Pilze, Zwiebeln und Karotten mischen und mit Salz, Pfeffer und Zitronensaft abschmecken. Zitronenschale, Kräuter und Käse unter die Gemüsemischung geben.

5. Sahne, Crème fraîche und Eier verrühren. Mit Salz, Pfeffer und Zitronensaft würzen. Das Gemüse auf dem Teig verteilen. Den Guß gleichmäßig darübergießen. Die Quiche auf der untersten Schiene etwa $^1/_2$ Stunde backen.

Gemüsequiche mit Walnusskruste

französisch • raffiniert

ca. $1^1/_2$ Std.

ca. $^1/_2$ Std. zum Gehen

ca. 800 kcal

- **$^1/_2$ Rezept Hefeteig (s. S. 4)**
- **600 g Auberginen**
- **Salz**
- **500 g Zucchini**
- **1 rote Paprikaschote**
- **2 Zwiebeln**
- **2 Knoblauchzehen**
- **75 g Walnußkerne**
- **100 g Cheddar**
- **5 EL Olivenöl**
- **2 TL Thymian**
- **Pfeffer**
- **Saft und abger. Schale von $^1/_2$ Zitrone**
- **300 ml Milch**
- **3 frische Eier**

1. Den Hefeteig zubereiten.

2. Das Gemüse waschen und putzen bzw. schälen. Die Auberginen wurfeln, salzen und $^1/_4$ Stunde ziehen lassen. Die Zucchini in dünne Scheiben schneiden. Die Paprikaschote würfeln. Zwiebeln und Knoblauch hacken. Die Nüsse und den Käse reiben.

3. Auberginen in 3 Eßlöffeln Öl bei starker Hitze anbraten. Restliches Gemüse sowie Zwiebeln und Knoblauch zufügen und kurz mitbraten. Mit Thymian, Salz, Pfeffer, Zitronensaft und -schale würzen.

4. Den Backofen auf 200 °C vorheizen. Den Teig dünn ausrollen. Eine Quicheform ausfetten. Den Teig so in die Form legen, daß Boden und Rand bedeckt sind.

5. Die Milch mit den Eiern verrühren und mit Salz und Pfeffer würzen. Die Hälfte des Käses daruntermischen.

6. Die Gemüsemischung auf dem Teigboden verteilen und den Guß darübergießen. Zuerst die Walnüsse, dann den restlichen Käse darüberstreuen. Die Quiche auf der untersten Schiene etwa $^1/_2$ Stunde backen.

kalorienarm • sommerlich

TOMATEN-ZUCCHINI-QUICHE

ca. 1 1/4 Std.

ca. 340 kcal

- **1 EL gekörnte Gemüsebrühe**
- **200 g Polenta (Maisgrieß)**
- **50 g Butter**
- **500 g mittelgroße Tomaten**
- **4 kleine Zucchini**
- **Salz**
- **Pfeffer**
- **40 g mittelalter, geriebener Gouda**
- **4 Zweige Thymian**

1. 3/4 Liter Wasser aufkochen, die Brühe darin auflösen, die Polenta zufügen und unter ständigem Rühren etwa 20 Minuten kochen. Vom Herd nehmen und 10 Minuten quellen lassen.

2. In der Zwischenzeit die Butter schmelzen, über die Polenta gießen und unterrühren. Den Backofen auf 175 °C vorheizen.

3. Die Tomaten und Zucchini waschen, von den Stielansätzen befreien und in Scheiben schneiden. Eine Quicheform ausfetten, die Polenta hineingeben und glattstreichen. Das Gemüse schuppenförmig darauf verteilen und mit Salz und Pfeffer würzen.

4. Die Quiche mit dem Käse bestreuen und etwa 1/2 Stunde backen. Den Thymian waschen und trockenschütteln. Die Blättchen abzupfen und die fertige Quiche damit bestreuen.

(auf dem Foto)

frühlingshaft • raffiniert

WURZELGEMÜSE-KÄSE-KUCHEN

ca. 1 1/2 Std.

ca. 870 kcal

- **450 g TK-Blätterteig**
- **250 g junge Karotten**
- **250 g weiße Rüben**
- **1 Kohlrabi**
- **200 g Knollensellerie**
- **1 kleine Stange Lauch**
- **1 Bd. Frühlingszwiebeln**
- **1 EL Butter**
- **Salz • Pfeffer**
- **200 g reifer Camembert**
- **1 EL Estragonblättchen**
- **2 frische Eier**
- **125 g Sahne**

1. Den Backofen auf 225 °C vorheizen. Blätterteig auftauen lassen. Das Gemüse putzen, bzw. schälen und kleinschneiden. Die Teigplatten aufeinanderlegen und dünn ausrollen. Eine Form kalt ausspülen und mit dem Teig auslegen. Dabei einen Rand hochziehen. Übrigen Teig beiseite legen. Den Teigboden einstechen und etwa 1/4 Stunde backen.

2. Das Gemüse bis auf den Lauch und die Frühlingszwiebeln in der Butter etwa 10 Minuten dünsten. Lauch und Frühlingszwiebeln hinzufügen und 3 Minuten mitgaren. Salzen und pfeffern.

3. Den Ofen auf 200 °C herunterschalten. Den Camembert würfeln und mit dem Estragon zum Gemüse geben. Aus den Teigresten kleine Ornamente ausstechen.

4. Die Gemüsemischung auf dem vorgebackenen Boden verteilen. Die Eier mit der Sahne verquirlen, mit etwas Salz und reichlich Pfeffer würzen und bis auf 2 Teelöffel über die Zutaten in die Form gießen.

5. Die Teigornamente mit der übrigen Eiersahne bestreichen und auf den Kuchen legen. Auf der zweiten Schiene von unten etwa eine 1/2 Stunde backen.

herzhaft • rustikal

Schweizer Käsewähe

ca. 1 1/4 Std.

ca. 1/2 Std. zum Ruhen

ca. 820 kcal

- **1 Rezept Quark-Öl-Teig (s. S. 5)**
- **4 EL feingehackte Petersilie**
- **150 g Raclettekäse**
- **150 g Schweizer Emmentaler**
- **1 EL Mehl**
- **200 g Sahne**
- **3 frische Eier**
- **150 ml Milch**
- **1/2 TL Paprikapulver**
- **Pfeffer**
- **geriebene Muskatnuß**

1. Den Teig nach der Anleitung von Seite 5 zubereiten und die Petersilie dabei einarbeiten.

2. Den Teig auf einer bemehlten Arbeitsfläche dünn ausrollen. Den Boden und den Rand einer ausgefetteten Quicheform (28 cm Ø) so mit dem Teig auskleiden, daß er etwa 2 cm über den Rand hinausragt.

3. Den überstehenden Teig mit einer Schere im Abstand von 2 cm bis auf Randhöhe einschneiden. Jedes zweite Segment nach innen klappen und andrücken. Die Form für 1/2 Stunde kühl stellen.

4. Die beiden Käsesorten grob reiben und mit dem Mehl mischen. Den Backofen auf 225 °C vorheizen.

5. Für den Guß die Sahne mit den Eiern und der Milch verrühren. Mit Paprika, Pfeffer und Muskat würzig abschmecken.

6. Die Käsemischung auf dem Teig verteilen. Den Guß darübergießen. Die Wähe etwa 1/2 Stunde backen, bis der Guß fest ist.

cremig • pikant

Quiches mit viererlei Käse

ca. 1 1/4 Std.

ca. 1/2 Std. zum Ruhen

ca. 520 kcal

- **1 Rezept Quark-Öl-Teig (s. S. 5)**
- **125 g Mozzarella**
- **100 g Schnittkäse aus Schafsmilch**
- **50 g Blauschimmelkäse**
- **50 g Parmesan**
- **2 frische Eigelbe**
- **100 ml Milch**
- **2 EL feingehackte Petersilie**
- **Salz**
- **Pfeffer**
- **Paprikapulver, scharf**

1. Den Teig nach der Anleitung von Seite 5 zubereiten.

2. 8 Briocheförmchen ausfetten. Den Teig sehr dünn ausrollen und 8 Kreise (etwa 11 cm Ø) ausschneiden. Die Förmchen so auslegen, daß der Teig etwas über den Rand hinaussteht. Die Quiches für 1/2 Stunde kühl stellen.

3. Den Mozzarella abtropfen lassen. Ihn und den Schnittkäse in kleine Würfel schneiden. Den Blauschimmelkäse mit einer Gabel zerdrücken. Den Parmesan fein reiben. Den Backofen auf 200 °C vorheizen.

4. Die Eigelbe mit der Milch verquirlen. Alle Käsesorten und die Petersilie gründlich unter die Eiermilch rühren. Die Mischung mit Salz, Pfeffer und Paprika nach Geschmack würzen.

5. Die Käse-Ei-Milch gleichmäßig auf die mit Teig ausgelegten Förmchen verteilen. Die Quiches auf der untersten Schiene des Ofens in 20 bis 25 Minuten goldgelb backen. Dann vorsichtig aus den Förmchen heben und noch heiß servieren.

Pikante Käsetorte

gelingt • leicht mild

1. Die Blätterteigscheiben nach Packungsanweisung auftauen lassen. Den Backofen auf 200 °C vorheizen. Eine kühl ausgespülte Springform (28 cm Ø) mit den Blätterteigquadraten so auslegen, daß der Rand etwas hochsteht. Mit einer Gabel mehrmals einstechen und etwa 10 Minuten vorbacken.

2. Die Frühlingszwiebeln putzen, waschen, in feine Ringe schneiden und in der Butter andünsten.

3. Die saure Sahne mit Eiern, Salz, Pfeffer, Muskat und Kräutern verrühren. Den Käse reiben und zusammen mit den gedünsteten Frühlingszwiebeln unterheben.

4. Die Masse auf dem Teigboden verteilen. Die Käsetorte im Backofen noch etwa 1/2 Stunde backen.

Tip
Übriggebliebene Blätterteigscheiben können Sie mit Eigelb bestreichen, mit Salz bestreuen und in Streifen schneiden. Bei 200 °C 1/4 Stunde backen. Die Stangen zur Käsetorte reichen.

ca. 1 Std.

ca. 970 kcal

- **8 Scheiben Blätterteig, z.B. von Koopmans TK-Ruck Zuck**
- **2 Bd. Frühlingszwiebeln**
- **1 EL Butter**
- **300 g saure Sahne**
- **3 frische Eier**
- **Salz**
- **Pfeffer**
- **geriebene Muskatnuß**
- **4 EL gehackte Kräuter**
- **500 g mittelalter Gouda**

winterlich • deftig

Rosenkohl-Nuss-Tarte

ca. 1 1/2 Std.

ca. 1/2 Std. zum Ruhen

ca. 990 kcal

- **250 g Weizenvollkornmehl**
- **4 Eier** • **4 EL Sahne**
- **Salz**
- **125 g Butter**
- **50 g gemahlene Haselnüsse**
- **750 g Rosenkohl**
- **4 Zwiebeln**
- **2 EL Öl**
- **100 g Gouda**
- **150 g saure Sahne**
- **2 TL mittelscharfer Senf** • **Pfeffer**
- **50 g Haselnußblättchen**

1. Mehl, 1 Ei, Sahne, Salz, Butter in Flöckchen und gemahlene Nüsse zu einem glatten Teig verkneten und diesen etwa für 1/2 Stunde kühl stellen.

2. Den Rosenkohl putzen, in kochendem Salzwasser etwa 10 Minuten garen, danach abtropfen lassen. Die Zwiebeln schälen, in Scheiben schneiden, im Öl anbraten und beiseite stellen.

3. Den Käse grob reiben und mit den restlichen Eiern, der sauren Sahne sowie mit dem Senf verrühren. Mit Salz und Pfeffer würzen.

4. Den Teig zwischen 2 Lagen Folie zu einem Kreis (ca. 31 cm Ø) ausrollen und in eine gefettete Tarteform (26 cm Ø) drücken.

5. Rosenkohl und Zwiebeln darauf verteilen. Mit der Eiersahne übergießen und mit den Nußblättchen bestreuen. Die Tarte auf der mittleren Schiene etwa 40 Minuten backen.

(auf dem Foto)

edel • auch für Gäste

Lauchtarte mit schwarzen Trüffeln

ca. 1 1/2 Std.

ca. 1/2 Std. zum Ruhen

ca. 1000 kcal

- **1 Rezept Mürbeteig (s. S. 5)**
- **600 g Lauch**
- **2 EL Butter**
- **2 EL Mehl**
- **200 ml Milch**
- **200 g Sahne**
- **Salz**
- **Pfeffer**
- **geriebene Muskatnuß**
- **20–30 g Perigord-Trüffeln (aus Dose oder Glas)**
- **4 frische Eier**

1. Den Teig nach der Anleitung von Seite 5 zubereiten.

2. Den Lauch putzen, waschen und in feine Ringe schneiden. Die Butter in einer Pfanne erhitzen und den Lauch darin glasig braten. Mit dem Mehl bestäuben und kurz anschwitzen, dann mit der Milch und der Sahne ablöschen und alles zusammen 2 bis 3 Minuten kräftig einkochen lassen. Das Ganze mit Salz, Pfeffer und Muskat würzen.

3. Die Trüffeln abtropfen lassen und dabei die Flüssigkeit auffangen. Die Trüffeln in feine Stifte schneiden. Den Ofen auf 175 °C vorheizen.

4. Den Teig auf einer bemehlten Arbeitsfläche dünn ausrollen. Eine Tarteform ausfetten, den Teig hineingeben und einen Rand von etwa 2 cm hochziehen.

5. Die Eier verquirlen, zusammen mit den Trüffelstreifen und der Trüffelflüssigkeit unter die Lauchsahne mischen.

6. Die Tarte auf der untersten Schiene des Ofens etwa 40 Minuten backen und heiß oder lauwarm servieren.

vollwertig • aromatisch

KRÄUTER-FRISCHKÄSE-TARTE

ca. 1 1/2 Std.

ca. 1/2 Std. zum Ruhen

ca. 680 kcal

- **1 Rezept Vollkornmürbeteig (s. S. 5)**
- **1/2 TL Rosenpaprika**
- **400 g körniger Frischkäse**
- **100 g Sahnequark**
- **4 frische Eier**
- **Salz • Pfeffer**
- **50 g Rucola (Rauke)**
- **50 g Sauerampfer**
- **1 Bd. Kerbel**
- **3 Zweige Zitronenmelisse**
- **3 Zweige Basilikum**
- **1 Bd. Petersilie**
- **1 Bd. Dill**
- **1 Bd. Schnittlauch**

1. Den Teig zubereiten, das Paprikapulver dabei einarbeiten. Auf einer bemehlten Arbeitsfläche dünn ausrollen. Eine Springform ausfetten, den Teig hineinlegen und dabei einen 4 cm breiten Rand hochziehen. Den Boden mit einer Gabel mehrmals einstechen. Die Form für 3/4 Stunden kühl stellen. Nach 1/2 Stunde Kühlzeit den Ofen auf 200 °C vorheizen.

2. Inzwischen für den Belag den Frischkäse mit dem Quark und den Eiern glattrühren und mit Salz und Pfeffer würzen.

3. Den Teigboden mit Pergamentpapier bedecken und mit getrockneten Erbsen oder Bohnen bedecken. Auf der untersten Schiene des Ofens etwa 1/4 Stunde blindbacken. Danach die Hülsenfrüchte und das Papier entfernen.

4. Den Rucola und die Kräuter waschen, fein hacken und unter die Käse-Quark-Mischung rühren. Die Kräutercreme auf den Teig geben und glattstreichen.

5. Die Tarte auf der untersten Schiene etwa 40 Minuten backen, bis die Kräutermasse gestockt ist.

FRÜHLINGSTARTE *knackig • frisch*

1. Mehl, Quark, Butter und etwas Salz zu einem glatten Teig verkneten. Eine Form ausfetten, den Teig ausrollen und die Form damit auskleiden. Dabei Rand hochziehen. Für 1 Stunde kühl stellen.

2. Das Gemüse putzen bzw. schälen und waschen. Die Karotten und den Kohlrabi in dünne Scheiben schneiden. Vom Spargel nur das untere Drittel schälen.

3. Das Gemüse jeweils etwa 5 Minuten blanchieren. Dann abschrecken und abtropfen lassen. Den Ofen auf 200 °C vorheizen.

4. Den Frischkäse mit den Eiern und 1 Teelöffel Meerrettich mit einem Pürierstab mischen.

5. Die Kräuter waschen, fein hacken und unter die Käsecreme rühren. Mit Salz, Pfeffer und Meerrettich pikant würzen.

6. Die Käsecreme auf den Teig geben. Das Gemüse salzen, pfeffern und segmentweise auf der Creme verteilen und dabei leicht hineindrücken. Mit dem Öl bestreichen. Die Tarte auf der untersten Schiene des Ofens etwa 1/2 Stunde backen.

ca. 1 1/2 Std.

ca. 1 Std. zum Ruhen

ca. 790 kcal

- **200 g Mehl**
- **200 g Magerquark**
- **200 g Butter**
- **Salz**
- **200 g junge Karotten**
- **1 Kohlrabi**
- **200 g grüner Spargel**
- **150 g Zuckerschoten**
- **200 g körniger Frischkäse**
- **2 frische Eier**
- **2 TL geriebener Meerrettich**
- **50 g Kerbel**
- **1/2 Bd. Petersilie**
- **Pfeffer**
- **1 EL Öl**

aromatisch • außergewöhnlich

Fencheltarte mit Pinienkernen

ca. 1 1/4 Std.

ca. 1/2 Std. zum Ruhen

ca. 680 kcal

- 200 g Mehl
- 75 g Butter • Salz
- 1 TL Branntweinessig
- 75 ml kaltes Wasser
- 600 g Fenchelknollen
- 100 g Schalotten
- 3 EL Olivenöl • Pfeffer
- 2 EL Pinienkerne
- 2 EL Rosinen
- 1 TL Fenchelsamen
- 150 g Crème fraîche
- 1 frisches Ei
- Saft und abger. Schale von 1/2 Zitrone
- 2 EL Dillspitzen
- 2 EL ger. Parmesan

1. Mehl, Butter, Salz, Essig und Wasser zu einem glatten Teig verkneten. Eine Form ausfetten. Den Teig ausrollen. Boden und Rand der Form damit auskleiden. Für 1/2 Stunde kühl stellen.

2. Den Fenchel waschen. Das Fenchelgrün grob hacken. Die Knollen in dünne Streifen schneiden. Die Schalotten schälen, halbieren und im Öl goldgelb andünsten. Den Fenchel dazugeben und mitdünsten. Mit Salz, Pfeffer und Cayennepfeffer würzen. Die Pinienkerne rösten .

3. Zusammen mit den Rosinen zum Fenchel geben. Den Ofen auf 200 °C vorheizen. Die Fenchelsamen zerdrücken. Crème fraîche, Ei, Zitronensaft, Zitronenschale, 1 Eßlöffel Dillspitzen und Fenchelsamen verrühren, salzen und pfeffern.

4. Den Parmesan auf den Teig streuen. Das Fenchelgemüse darauf verteilen. Den Crème-fraîche-Guß darübergeben. Die Tarte 1/2 Stunde backen. Mit dem restlichen Dill bestreuen.

(auf dem Foto oben)

delikat • nicht alltäglich

Hirse-Gemüse-Quiche

ca. 2 Std.

ca. 1/2 Std. zum Ruhen

ca. 840 kcal

- 250 g Mehl Type 550
- 100 g kalte Butter
- Salz
- 1 TL Branntweinessig
- 100 ml Wasser
- 1 Zwiebel • 2 EL Öl
- 150 g Hirse
- 1 Prise Safran
- 300 ml Gemüsebrühe
- 200 g grüne Bohnen
- 2 Karotten
- 150 g TK-Erbsen
- Pfeffer • 3 EL Kresse
- 75 g ger. Greyerzer
- 150 g Naturjoghurt
- 5 EL Sahne
- 2 frische Eier

1. Aus Mehl, Butter, Salz, Essig und Wasser einen Teig zubereiten und für 1/2 Stunde kühl stellen. Die Zwiebel schälen, würfeln und im Öl anbraten. Die Hirse kurz mitbraten. Den Safran dazugeben , mit der Gemüsebrühe ablöschen. Die Hirse zugedeckt bei milder Hitze etwa 20 Minuten quellen lassen.

2. Die Bohnen putzen, waschen und kleinschneiden. Die Karotten schälen und würfeln. Karotten, Erbsen und Bohnen blanchieren. Das Gemüse abschrecken und abtropfen lassen.

3. Hirse und Gemüse mischen, salzen und pfeffern. Die Kresse (bis auf 1 Eßlöffel) unterrühren. Den Backofen auf 200 °C vorheizen.

4. Den Teig ausrollen. Eine Form ausfetten. Den Teig hineinlegen und einen Rand hochziehen. Den Boden einstechen. Käse, Joghurt, Sahne und Eier verrühren, mit Salz und Pfeffer würzen. Unter die Hirse-Gemüse-Mischung heben, diese auf dem Teig verteilen. Die Quiche etwa 3/4 Stunden backen. Mit der restlichen Kresse bestreuen.

(auf dem Foto unten)

pfiffig • modern

Quarktarte

ca. $1^3/_4$ Std.

ca. $^1/_2$ Std. zum Ruhen

ca. 740 kcal

- 100 g Butter
- 250 g Weizemehl Type 1050
- Salz
- je $^1/_2$ TL Piment
- Kümmel • Koriander
- 2 Stangen Lauch
- 3 Karotten
- 375 g Quark (20 % F. i.Tr.)
- 3 EL Vollkorngrieß
- 4 frische Eier
- 4 EL Sahne • Pfeffer
- Paprikapulver
- 1 EL Thymian
- 3 EL Paniermehl

1. Die Butter schmelzen. Mehl mit Salz, Piment, Kümmel und Koriander mischen. Die Butter dazugeben. Nach und nach 6 Eßlöffel Wasser zufügen, alles zu einem glatten Teig verkneten und für $^1/_2$ Stunde kühl stellen.

2. Das Gemüse waschen und putzen bzw. schälen. Den Lauch in Ringe, die Karotten in dünne Scheiben schneiden. Salzwasser in einem Topf zum Kochen bringen. Das Gemüse nacheinander blanchieren. Abschrecken und abtropfen lassen.

3. Den Quark mit dem Grieß verrühren. Die Eier und die Sahne untermischen. Mit Salz, Pfeffer, Paprika und Thymian abschmecken. Den Ofen auf 200 °C vorheizen.

4. Eine Tarteform ausfetten. Den Teig zwischen Klarsichtfolie ausrollen und in die Form legen. Den Teigboden mit dem Paniermehl ausstreuen. Das Gemüse unter die Quarkmasse heben, in die Form füllen und mit Pinienkernen bestreuen. Die Tarte 40 bis 45 Minuten backen.

(auf dem Foto)

sommerlich • aromatisch

Gemüse-Kräuter-Tarte

ca. $1^1/_2$ Std.

ca. $^1/_2$ Std. zum Kühlen

ca. 790 kcal

- 1 Rezept Mürbeteig (s. S. 5)
- 250 g Blattspinat
- 250 g Salatblätter
- 1 EL Butter
- 2 Zwiebeln
- 4 EL gehackte Kräuter (Petersilie, Dill, Thymian, Majoran)
- $^1/_2$ TL Knoblauchsalz
- geriebene Muskatnuß
- 125 g geriebener Gouda
- 2 frische Eier
- 5 EL Sahne
- Salz

1. Den Mürbeteig zubereiten und den Backofen auf 220 °C vorheizen.

2. Den Teig ausrollen, eine ausgefettete Spring- oder Tarteform damit auslegen und einen Rand hochziehen. Den Boden mehrmals mit einer Gabel einstechen und 20 Minuten vorbacken.

3. Den Spinat und die Salatblätter putzen und waschen. Dann in Streifen schneiden, in der Butter und 2 Eßlöffeln Wasser dünsten, bis sie zusammenfallen. Mit einem Schaumlöffel herausnehmen und in eine Schüssel legen.

4. Die Zwiebeln schälen, hacken und mit den Kräutern (1 Eßlöffel zurückbehalten) vorsichtig unter das Gemüse heben. Alles mit den Gewürzen abschmecken.

5. Das Gemüse auf dem Tarteboden verteilen und mit dem Käse bestreuen. Die Eier mit der Sahne, etwas Salz und Muskat verrühren und die Eicreme gleichmäßig über den Käse verteilen.

6. Die Tarte auf der unteren Schiene des Backofens bei 200 °C etwa $^1/_2$ Stunde backen. Mit den restlichen Kräutern bestreuen.

unkompliziert • mild

TARTE LÉGUMES

ca. 1 1/4 Std.

ca. 580 kcal

- 125 g Mehl
- 1/2 P. Backpulver
- Salz
- 1–2 EL Sojaöl
- 60 g Magerquark
- 3 frisches Ei
- 100 g Blumenkohl
- 100 g Brokkoli
- 1 kleine Karotte
- 1/2 Zucchini
- 100 g Crème fraîche
- 125 g Sahne
- 1 TL Speisestärke
- 200 g geriebener Gouda
- Pfeffer
- geriebene Muskatnuß

1. Das Mehl auf eine Arbeitsfläche sieben. Backpulver und etwas Salz darüberstreuen und in die Mitte eine Mulde drücken. Das Öl, den Quark und 1 Ei in die Mitte geben, alles zu einem glatten Teig verkneten.

2. Den Blumenkohl und den Brokkoli putzen, waschen und in Röschen teilen.

3. Die Karotte und die Zucchini schälen bzw. putzenund in Scheiben schneiden. Das Gemüse jeweils kurz blanchieren, abschrecken und abtropfen lassen.

4. Den Backofen auf 200 °C vorheizen. Sahne, 2 Eier, Speisestärke und geriebenen Käse zu einer Creme verrühren und mit Salz, Pfeffer sowie Muskat kräftig abschmecken.

5. Eine Tarteform mit etwas Öl ausfetten. Den Teig auf einer bemehlten Arbeitsfläche ausrollen und die Form damit auslegen.

6. Das Gemüse auf dem Teigboden verteilen. Die Creme darübergießen. Die Tarte auf der mittleren Schiene 30 bis 35 Minuten backen.

Kartoffel-Tomaten-Tarte

herzhaft • rustikal

1. Den Mürbeteig zubereiten. Eine Tarteform ausfetten. Den Teig etwa 3 mm dick ausrollen. Die Form damit auslegen und einen Rand hochziehen.

2. Die Zwiebeln schälen, eine hacken, die restlichen in Ringe schneiden. Die Tomaten enthäuten, entkernen und kleinschneiden. Die Hälfte der Butter erhitzen und die feingehackte Zwiebel darin glasig dünsten. Tomaten, Thymian, Salz sowie Pfeffer dazugeben und einkochen lassen. Die Kartoffeln schälen und in Salzwasser garen.

3. Den Backofen auf 220 °C vorheizen. Die restliche Butter erhitzen und die Zwiebelringe darin andünsten. Den Teig mehrmals einstechen und 10 bis 15 Minuten vorbacken. Dann mit Zwiebelringen belegen und mit der Tomatensauce übergießen.

4. Die Kartoffeln abgießen, in dünne Scheiben schneiden und fächerförmig auf der Tomatensauce verteilen. Sahne, Eigelb, etwas Pfeffer, Salz und Muskat verrühren und über die Kartoffeln gießen. Die Tarte 6 bis 7 Minuten backen und heiß servieren.

ca. 1 3/4 Std.

ca. 1/2 Std. zum Ruhen

ca. 806 kcal

- **1 Rezept Mürbeteig (s. S. 5)**
- **50 g Butter**
- **5 Zwiebeln**
- **8 Tomaten**
- **1 TL getrockneter Thymian**
- **Salz**
- **Pfeffer**
- **6 mittelgroße, mehlige Kartoffeln**
- **100 g Sahne**
- **1 frisches Eigelb**
- **geriebene Muskatnuß**

vollwertig • aromatisch

Tomatentarte

ca. 1 1/2 Std.

ca. 1/2 Std. zum Ruhen

ca. 990 kcal

- **150 g Dinkelvollkornmehl**
- **150 g gemahlene Haselnüsse**
- **Salz • 125 g Butter**
- **2 frische Eier**
- **250 g kleine Zwiebeln**
- **2 Knoblauchzehen**
- **2–3 EL Olivenöl**
- **500 g Tomaten**
- **100 g geriebener Emmentaler**
- **Pfeffer**
- **2 TL Thymianblättchen**
- **150 g Sahne**

1. Aus Mehl, Nüssen, 1/2 Teelöffel Salz, Butter und 1 Ei einen glatten Teig kneten. Eine Tarteform ausfetten. Den Teig ausrollen, in die Form legen und einen Rand formen. Den Teig für 1/2 Stunde kühl stellen.

2. Zwiebeln und Knoblauch schälen. Zwiebeln in Ringe, Knoblauch in dünne Scheiben schneiden. Beides im Olivenöl goldgelb dünsten. Den Ofen auf 200 °C vorheizen. Die Tomaten waschen, vom Stielansatz befreien und in Scheiben schneiden.

3. Den Käse reiben. Zwiebeln und Knoblauch mit Salz, Pfeffer und den Thymianblättchen würzen.

4. Den Teig 5 Minuten vorbacken, dann kurz abkühlen lassen. Die Zwiebelmischung auf dem Teigboden verteilen und mit dem Käse bestreuen. Die Tomatenscheiben dachziegelartig darauf anordnen.

5. Die Sahne mit dem restlichen Ei verquirlen und mit Salz und Pfeffer würzen. Den Guß über die Tomaten geben. Die Tarte auf etwa 1/2 Stunde backen.

leichte Küche • würzig

Karottentarte mit Koriander

ca. 1 3/4 Std.

ca. 510 kcal

- **10 g frische Hefe**
- **1 Msp. Zucker**
- **4 EL lauwarmes Wasser**
- **200 g Mehl • Salz**
- **75 g Butter**
- **500 g Karotten**
- **Salz**
- **1 Bd. glatte Petersilie**
- **1 TL Öl**
- **200 g saure Sahne**
- **2 frische Eier**
- **1 EL Speisestärke**
- **1 TL abger. Zitroneschale**
- **1 TL Ingwerpulver**
- **2 TL Korianderpulver**
- **Pfeffer**

1. Die Hefe mit dem Zucker und dem lauwarmen Wasser verrühren. Mehl, etwas Salz und Butter mit den Händen verreiben, bis eine krümelige Masse entstanden ist. Die Hefe hinzufügen und alles zu einem glatten Teig verkneten.

2. Die Karotten putzen, schälen und in wenig Salzwasser etwa 12 Minuten garen. Dann abgießen. Die Petersilie waschen, bis auf ein paar Blättchen zum Garnieren fein hacken. Die Karotten in knapp 1 cm dicke Scheiben schneiden und hauchdünn mit Öl bestreichen.

4. Den Ofen auf 225 °C vorheizen. Eine Backform ausfetten. Den Teig ausrollen. Die Form damit auskleiden.

5. Die saure Sahne mit Eiern, Speisestärke, Zitronenschale, Ingwer und 1 Teelöffel Koriander zu einem Guß verrühren. Mit Salz, Pfeffer und Koriander abschmecken.

6. Den Guß auf den Teigboden geben. Die Karottenscheiben fächerartig, mit den dickeren Enden nach außen,hineinlegen. Die Tarte auf der untersten Schiene etwa 1/2 Stunde backen.

Gorgonzola-Birnen-Tarte

herbstlich • leicht

ca. 1 1/4 Std.

ca. 3/4 Std. zum Ruhen

ca. 490 kcal

- 4 EL Butterschmalz
- 100 g Weizenmehl Type 550
- Salz
- 4 EL gemahlene Walnüsse
- 2 mittelgroße Birnen
- 2 EL Zitronensaft
- 100 g Gorgonzola
- 100 g Magerquark
- 1 frisches Ei
- Pfeffer
- geriebene Muskatnuß
- 1 EL Schnittlauchröllchen
- 5 Walnußkerne

1. Das Butterschmalz in einem Topf zusammen mit 100 ml Wasser aufkochen und abkühlen lassen. Das Mehl mit 1/2 Teelöffel Salz und den Nüssen mischen. Unter die Wasser-Fett-Mischung mischen. Den Teig kurz durchkneten.

2. Eine Backform mit Mehl ausstäuben. Den Teig ausrollen, die Form damit auslegen und einen etwa 2 cm hohen Rand formen. Für 3/4 Stunden kühl stellen. Für den Belag die Birnen schälen, entkernen, würfeln und mit Zitronensaft beträufeln.

3. Den Backofen auf 200 °C vorheizen. Den Käse in kleine Würfel schneiden und bis auf 2 Eßlöffel mit dem Quark und dem Ei verrühren. Mit Salz, Pfeffer und Muskat abschmecken.

4. Den Teig auf der untersten Schiene etwa 5 Minuten vorbacken. Die Birnenwürfel unter die Käsecreme mischen und auf dem Teigboden verteilen. Die restlichen Käsewürfel darüberstreuen. Die Tarte auf der untersten Schiene 20 bis 25 Minuten backen. Mit Schnittlauch und Walnüssen garnieren.

frühlingshaft unkompliziert

Gemüsetorte

ca. 1 1/4 Std.

ca. 435 kcal

- **120 g TK-Blätterteig**
- **300 g weißer Spargel**
- **250 g Brokkoli**
- **100 g Zucchini**
- **1 Frühlingszwiebel**
- **Salz**
- **1 EL Schnittlauchröllchen**
- **1 frisches Eigelb**
- **1 frisches Ei**
- **5 EL Sahne**
- **250 ml Sauce Hollandaise, z.B. von Thomy**
- **2 EL ger. Greyerzer**
- **Pfeffer**
- **geriebene Muskatnuß**

1. Den Blätterteig auftauen lassen. Eine Backform ausfetten und mit Mehl bestäuben. Den Teig dünn ausrollen und in die Form legen. Den Boden mehrmals einstechen.

2. Das Gemüse waschen und putzen. Den Spargel schälen, in etwa 3 cm dicke Stücke schneiden. Den Brokkoli in Röschen teilen. Die Zucchini in Scheiben schneiden. Die Frühlingszwiebel fein hacken. Den Spargel und den Brokkoli in Salzwasser 4 Minuten blanchieren, abschrecken und abtropfen lassen.

3. Schnittlauch, Brokkoli, Spargel, Frühlingszwiebel und Zucchini vermengen. Den Ofen auf 180 °C vorheizen. Das Ei verquirlen, Eigelb, Sahne, 150 ml Sauce Hollandaise und den Käse zufügen, über das Gemüse gießen. Mit Salz, Pfeffer und Muskat würzen.

4. Das Gemüse auf dem Teigboden verteilen und alles etwa 50 Minuten backen. Die restliche Sauce Hollandaise erhitzen und zur Gemüsetorte servieren.

(auf dem Foto)

vollwertig • winterlich

Sellerietarte

ca. 1 1/2 Std.

ca. 1/2 Std. zum Ruhen

ca. 630 kcal

- **100 g Mehl**
- **100 g Dinkelvollkornmehl**
- **Salz • 80 g Butter**
- **1 kg Sellerie**
- **250 g Bleichsellerie**
- **250 ml Gemüsebrühe**
- **2 EL Zitronensaft**
- **Salz**
- **Pfeffer**
- **geriebene Muskatnuß**
- **3 EL geriebener Parmesan**
- **50 g geriebener Greyerzer**
- **100 g Crème fraîche**
- **3 frische Eier**

1. Das Mehl, 1/2 Teelöffel Salz und die Butter zu einer krümeligen Masse verarbeiten. 100 ml Wasser dazugeben und alles zu einem glatten Teig vermengen. Eine gefette Backform mit dem ausgerollten Teig auslegen, dabei einen Rand formen. Für 1/2 Stunde kühl stellen.

2. Den Sellerie schälen und würfeln. Den Bleichsellerie putzen und waschen. Die Gemüsebrühe zusammen mit 1 Eßlöffel Zitronensaft aufkochen und den gewürfelten Sellerie darin 10 Minuten garen.

3. Die Sellerieblätter in Streifen, die Stangen in Scheiben schneiden. Die Selleriewürfel abgießen, das Kochwasser dabei auffangen, mit den Selleriescheiben mischen und mit Salz, Pfeffer, Muskat sowie Zitronensaft würzen. Ofen auf 200 °C vorheizen. Selleriegrün und Parmesan unter das Gemüse mischen. Créme fraîche mit 1/8 Liter Selleriewasser und den Eiern verrühren, salzen und pfeffern. Das Gemüse in die Form geben. Den Guß darauf verteilen und mit Greyerzer bestreuen. Die Tarte etwa 1/2 Stunde backen.

les Sauces
THOMY

herzhaft • nussig

Zwiebel-Käse-Torteletts

ca. 1 1/4 Std.

ca. 1/2 Std. zum Ruhen

ca. 480 kcal

- 1 Rezept Mürbeteig (s. S. 5)
- 250 g Zwiebeln
- 1 EL Öl
- 2 EL USA Erdnuß-creme
- 1 frisches Ei
- 150 g Crème fraîche
- Salz
- Pfeffer
- 50 g geriebener Parmesan
- 50 g gehackte USA-Erdnüsse

1. Den Mürbeteig nach der Anleitung von Seite 5 zubereiten und für 1/2 Stunde kühl stellen.

2. Die Zwiebeln schälen und fein hacken. Das Öl zusammen mit der Erdnußcreme erhitzen, die Zwiebeln hineingeben und bei milder Hitze weich dünsten.

3. Den Teig auf einer bemehlten Arbeitsfläche ausrollen und 8 ausgefettete Tortelettförmchen (8 cm Ø) damit auslegen. Die gedünsteten Zwiebeln darauf verteilen. Den Ofen auf 200 °C vorheizen.

4. Das Ei mit der Crème fraîche verquirlen, salzen und pfeffern. Die Hälfte des geriebenen Parmesans und die gehackten Erdnüsse dazugeben. Diese Mischung gleichmäßig auf den Zwiebeln verteilen und mit dem restlichen Käse bestreuen.

5. Die Torteletts im Backofen auf der mittleren Schiene 1/4 Stunde backen, dann bei 180 °C nochmals - 10 Minuten backen.

6. Die Zwiebel-Erdnuß-Torteletts gleich frisch aus dem Backofen oder nach Belieben kalt servieren.

Kohlrabitörtchen *frühlingshaft • mild*

1. Den Mürbeteig zubereiten. 8 Förmchen (10 cm Ø) ausfetten. Den Teig auf einer bemehlten Arbeitsfläche ausrollen und die Förmchen damit auslegen. Die Böden mit einer Gabel mehrmals einstechen. Für 1/2 Stunde kühl stellen.

2. Inzwischen den Kohlrabi schälen, vierteln und in hauchdünne Scheiben schneiden. Die zarten Blättchen fein hacken, mit den Kohlrabischeiben mischen, leicht salzen und pfeffern.

3. Den Backofen auf 200 °C vorheizen. Den Gorgonzola zuerst mit einer Gabel zerdrücken, dann mit dem Joghurt und den Eiern zu einem Guß verrühren.

4. Den Teig auf der untersten Schiene 10 Minuten blindbacken (s. S. 48) und anschließend etwas abkühlen lassen.

5. Die Kohlrabischeiben gleichmäßig in die Förmchen schichten und den Gorgonzolaguß darübergeben. Die Törtchen auf der untersten Schiene in etwa 1/2 Stunde goldgelb backen und vor dem Servieren vorsichtig aus den Förmchen lösen.

ca. 1 1/4 Std.

ca. 1/2 Std. zum Ruhen

ca. 620 kcal

- **1 Rezept Mürbeteig (s. S. 5)**
- **600 g junge Kohlrabi**
- **Salz**
- **Pfeffer**
- **100 g Gorgonzola**
- **200 g Naturjoghurt**
- **2 frische Eier**

Rezeptverzeichnis

Dieses Buch gehört zu einer Kochbuchreihe, die die beliebtesten Themen aus dem Bereich Essen und Trinken aufgreift. Fragen Sie ihren Buchhändler. Sie erhalten die Titel überall dort, wo es Bücher gibt.

Dieses Buch wurde auf chlorfrei gebleichtem und säurefreiem Papier gedruckt.

ISBN 3 8068 1851 7

Umschlaggestaltung: Peter Udo Pinzer
Gestaltungskonzeption: Horst Bachmann
Redaktion: Marlein Auge
Umschlagfotos vorne außen: **Heinrich Bauer Service KG, Hamburg** (Rezept: „Quiche mit Zuckerschoten", S. 39); vorne innen: **FALKEN Archiv: TLC;** hinten: **Heinrich Bauer Service KG, Hamburg** (Rezept „Brokkoli-Möhren-Pizza", S. 15)
Fotos: **Antjes Feinschmecker Studio**, Aachen: S. 25; **Heinrich Bauer Service KG**, Hamburg: S. 9, 11 o., 11 u., 15, 19, 29, 34, 39, 43, 47, 53; **CMA**, Bonn: S. 6 und 55; **Koopmanns**: S. 45; **Maizena**, Heilbronn: S. 14; **Sojaöl/Dr. Muth PR**, Hamburg: S. 8 und 54; **Thomy**: S. 59; **USA Peanuts/Dr. Muth PR**, Hamburg: S. 60; **FALKEN Archiv**: **U. Kopp**: S. 1, 13, 17, 23, 27, 30, 31, 33, 36, 37, 40, 41, 48, 49, 51, 57, 61und 62; **TLC** : S. 2, 20 und 21
Produktion: Dr. Reitter & Partner Verlag GmbH, Vaterstetten
Satz: Dr. Reitter & Partner Verlag GmbH, Vaterstetten
Druck: Offizin Andersen Nexö, Leipzig

817 2635 4453

Unser Tip

Hrsg.: B. Adolphi
ISBN: 3-8068-**1853**-3

Von U. Summ
ISBN: 3-8068-**1929**-7

Hrsg.: B. Schwiers
ISBN: 3-8068-**1947**-5

Von F. Faist
ISBN: 3-8068-**1953**-X

Hrsg.: F. Brandl
ISBN: 3-8068-**1954**-8

Hrsg.: S. Kieslich
ISBN: 3-8068-**1949**-1

Alle Bände durchgehend vierfarbig,
64 Seiten, ca. 50 Farbfotos, kartoniert.
DM 9,90

FALKEN

Der Spezialist für nützliche Bücher

Stand der Preise 1.6 1997 · Änderungen vorbehalten

EINFACH GUT

Vegetarisch, würzig, pikant

- Unter den 55 vegetarischen Rezeptideen finden auch Sie die Pizza, Quiche oder Tarte, die zu Ihren neuen Lieblingsgerichten gehören wird
- Dieses FALKEN Buch bietet Ihnen nicht nur Bekanntes, wie z.B. Pizza Margherita, sondern auch eine Fülle an neuen Kreationen, wie z.B. Mangoldquiche mit Zitronenguß und Gorgonzola-Birnen-Tarte mit Walnußkernen
- Ein großer Pluspunkt aller Gerichte: Sie lassen sich gut vorbereiten, so daß Sie auch Ihre Gäste schnell, originell, schmackhaft und fleischlos bewirten können

FALKEN

ISBN 3 [illegible]-1851-7 DM 9.90

9 783806 818512